16 BARS

MARCUS RAGSDALE

iUniverse LLC
Bloomington

16 BARS

iUniverse books may be ordered through booksellers or by contacting:

iUniverse LLC
1663 Liberty Drive
Bloomington, IN 47403
www.iuniverse.com
1-800-Authors (1-800-288-4677)

ISBN: 978-1-4917-1113-2 (sc)
ISBN: 978-1-4917-1114-9 (e)

Printed in the United States of America.

iUniverse rev. date: 02/11/2014

TABLE OF CONTENTS

ALBUM THREE

ALBUM FOUR

ALBUM FIVE

ALBUM ONE

YOUNG RAY GEEK

I'M STRAIGHT FROM THE STREET RATHER U BLOOD OR CAUSE
I CAN FUCK WITH U N ANY WEATHER AS LONG AS THE WIN
GET BETTER OR THE WIN GET BETTER CAUSE I'M A WINNER
MY BLOOD IS IN IT EVEN IF I WAS A OLD CRIP BUT U CAN CALL
ME YOUNGEN CAUSE I'M YOUNG RAY GEEK I'M THE SON OF
AH HOOVER 52 CRIP THAT GO BY THE NAME OF POPA BUT I
KNOW HIM AS MARK CAUSE HE AINT THE RAGS TO RICHES
OR THE KEY TO UNLOCK THE BARS TO THE PRISON BARS HE
LIVE IN BUT I BE WORKIN THEM THIS IS WHY I'M THE LORD OF
THE LAND I'M AT MY GRIND SO I CAN GET MY SHINE ON AND
REWIND THEN RELAX BECAUSE IT WAS GOOD SEX SHE LEFT
ME WITH NO RIGHT BUT THE GAME STAYS THE SAME YES I
LIVE A LI I DON'T KNOW IF IT'S THE RAGS OR RICHES BITCHES
O MY BAD I WAS A BAD BOY TALK'N TO A GOOD GIRL YES MY
RICHES IS THE KEY CAUSE I'M LIVING FOR THE FUTURE CAUSE
I KNOW IT'S TRUE TO THE BLOOD N MY YOUNGEN DAYS TO
THE BODY OF MY OLDER DAYS I BE THE TIC-TOC OF THE ROC

SCRATCH

NO MENTAL AGREEMENTS

WHEN I STEP I'M ALWAYS IN THE PLACE TO BE ONCE I'M IN
THEY WILL NEVER WANT ME OUT CAUSE I'M THE PERSENT
IN U THE PASS SO CATCH MY POST IT'S ALWAYS ON STEAL
A R FOR AGRESSIVE RECORD IN THE STEAL LEFT ARM
CAUSE I'M SO MILITARY FOR ANY OF U MOTHERFUCKERS
READY FOR THE A R CALL I TOLD U WHAT IT STAND FOR SO
GET DOWN OR STAY DOWN I'M TRYIN GROW A BUSINESS
FORM YOUNG RAY FEELINGS A LI A LI AL I DO IS THESE
DEALS NEXT I'M MOVING KINGDOM FORM BUSINESS TO
BUSINESS CAUSE I BE THAT YOUNG MAN YES ITS ME FORM
THE BOTTOM TO THE TOP WHEN I GET THERE U CAN CALL
ME THE TOPPER OF THE ROPPER AND I PUSH THE NEW
BENTLEY WITH NO MENTAL AGREEMENTS SINCE U KNOW
NOW I HOPE WE ON THE SAME PAGE CAUSE I'M MILLIONS
ON TOP OF MILLIONS YO LITTLES BE KNOWN THAT'S JUST
THE BEGINNING OF MY WEALTH I'M ALWAYS WORK'N

SCRATCH

MOLLY MOLLY

IT AINT NOTHING TO ME I'M JUST TO GOOD WITH IT CAN
U FEEL ME CAUSE IF NOT THAT'S COOL WITH ME I'LL JUST
PULL A FEW WHITE GIRLS IN CALL THEM MY MOLLY MOLLY
CAUSE U KNOW I'M STILL IN ALL OF THY ABOVE WHEN I STEP
TO HER I'M SO CRISPY I'M POPPIN LIKE RICE CRISPY IN I BE
TOSSIN GAME SHE LIKE TO GET BUSY WITH DON CAUSE I'M
RUNNING MY TIME N IT'S MELLO MONDAY N I GOTS LAST SO
LONG LOTS OF MONEY IN SHE BUBBLE IN PLAY GIRL BUNNY
SO SEE WHAT I DO WHEN I'M AT THE MALL WITH MY CREW
STEP YO GAME UP OR DOWN CAUSE I DON'T GIVE A FUCK
I TOLD U N THE BEGINNING ALL I WANT IS A FEW WHITE
GIRLS AND I'M FEELING MOLLY MOLLY PLUS WHEN I RIDE N
THE HOOD U KNOW I GETS LOTS OF MONEY I CAN'T STOP
SPENDING ON ALL MY LOVE ONES AND TRUST N GOD IS
WHAT ALL MY DOLLAR$ SAY SO WHO AM I TO TRUST THE
DOLLAR$ OR GOD I GOT A LONG WAY TO GO WHAT'S NEXT

SCRATCH

FRESH TO DEF

I'M TO STRONG TO EVER BE TOUCH TOO MUCH TO EVER
GET TOUGH I'M IN THE MIDDLE I'M THE BITTER SO WHAT
IT DO SO WHAT IT IS WHAT IT AIN'T U KNOW I STAY REAL
FRANK I DON'T BET THE BUSH I JUST BET STRAIGHT TO IT
IT'S A MUST THAT I DO IT SO WHAT U WANT IT TO BE I NEVER
BE WERE YOU'LL NIGGA'S BE I GOT A BEAMER U GOT A REG
AA I'M ALWAYS SPENDING MONEY U ALWAYS WANTIN IT I
STAY FRESH TO DEF I JUST TO DEF JAM U TO BUSY MAKIN
HITS ON SOMEBODY U ANIT GOING GET I'M TO BUSY HITS
BUT I'M MAKIN MILLION SO I GUESS WE GOT SOMETHING IN
COMMON BETTER YET WE GOT A FEW THINGS IN COMMON
MONEY NOT ALWAYS THE KEY WHEN IT COME TO LOVE LOVE
IS FRESH TO DEF WHEN I COME BACK BE READY FOR THE
DOUBLE UP I'M A CHAMP UNDER THE P CODE TRYIN TO KEEP
MY Q FOR MY DAY CAN GO WELL CAUSE I'M FRESH TO DEF

SCRATCH

BEAM ME UP SHORTY

IT'S THE BELLY NOT THE BATTLE THERE BEEN WARS THERE
BEEN BATTLES BECAUSE I'M BETTER THEN U EVER BEEN U
LOCK ME OUT I STILL FIND AWAY TO EXTEND SOMEN LIKE
RAFFEL U CAN NEVER BRAKE ME I'M TO STRONG N TO MANY
PLACES N I YOUNGER THEN I EVER BEEN I DON'T BEND OR
BUDGE WHEN I'M COMEN UP I'M YOUNG RAY MAN JUST GIVE
ME THE GLOVE THAT GIVES ME ENERGY CAUSE I'M ALTIME
CHECK THE ALTOPSEE I STAY BEAM UP NIGGA ASK SHORTY I
DON'T GIVE A FUCK BEAM ME UP SHORTY I GO TO LIGHTYEAR
N HALF DAY BUY NIGHT TIME I'M ON MY STAR GATE IT'S N
MY DUTY TO SPREAD NSENSE I STARTED RAP'N N MY STAR
BEEN GATED YO I'M AROUND THE CITY THIS WHERE MY SWAG
COMES OUT U MITE KNOW ME AS MARCUS THE ARTHOR BUT
WHEN I'M ON THAT ARTIST SHIT I'M YOUNG RAY THE TAKE
OVER I STARTED AT THE BOTTOM BUT I ALWAYS KEEP MY
HEAD UP WISHIN FOR A STAR SO SHORTY COME BEAM ME UP

SCRATCH

DO U FEEL LIKE A MAN

WHILE WHEN I WAS GROWIN UP IT WAS ABOUT ME ALL
I COULD DO IS THINK ABOUT WERE I WAS GOIN WRONG
THATS WHAT I THOUGHT ABOUT MOST OF THE TIME IN
WITH THE REST OF THE TIME I WAS TRYIN GET RIGHT EVEN
IF IT WAS WRONG I HAD TO DOUBLE UP I WAS SO GOOD
NOW COULD'NT BE BETTER GUESS I MADE THE RIGHT
CHOOSE WHEN BECOMEN A MAN I ALWAYS HAD YOUNG
GIRLS NUMBER BUT WOULD NEVER LEAD TO GO ABOUT IT A
DIFFERENT WAY I LEFT IT ALONG INTO I GOT MY HUT STRONG
NOW I'M A MENS LADYS MY NEXT FLIGHT GOIN TO JAPAN OR
I MIGHT BE IN CHINA FEELIN LIKE A MAN GETTIN MY SWAG
ON OFF THAT MILLION DOLLAR SHIT I DON'T KNOW U WHY
U ALWAYS ON THAT ALMIGHTY SHIT I BE DALE LATER SO
KEEP YO EYES ON THE YEAR 2020 YO THAT'S CLEAR VISION
ON MY RAGS TO RICHES BITCHES I'M ON A ALL TIME LEVEL I
GOT KICKS THAT GO 12345 YES I'M THE LORD OF THE LAND
AND MY NAME IS YOUNG RAY WITH A COUPLE DEALS

SCRATCH

LITTLE HOUSE ON THE PRAY

I'M FROM THE HOOD IN WROTE THESE SO MANY BARS
FORM THE HOOD USE TO STAY OUT THE BRICK JUST TO
GET A BRICK TO BANG ON THE CONER SO WHAT CAN U
YES THE YES MAN OR DAN MR. MARINO WHAT DO IT EVER
DO WHAT CAN GET IN MY CREW NOTHING SO ENJOY THE
CHEW IN VIEW WHILE WE CHILL WITH OUR IDOLS CAUSE I'M
OUTTY YO IN AIN'T TRIAL AFTER JUST MY BLAZE THROUGH
THAT'S WHAT I DO WELL BANGIN IS N MY NATURAL CAUSE
MY BLOOD IS NATURAL N HARMIN ME YEA I KEEP MY LOCK
ARMA STEAL AIN'T SEEN DAY BREAK BUT I MADE MY PAPER
CHASE NOW LETS PRAY IN GIVE THE POWER TO MY OLDER
DAY CAUSE I REMEMBER YOUNGEN N HIS LITTLE SKITTLES
BOX BUT NOW I BOX BOOK AND SALE'EM FOR THE KEY IS IT
WICKED OR DO ALL MOMS FLY ON STICKS NIGGA I'M GETN
RICH MY NAME IS MARCUS LEAVE ME ALONE MY LOVE IS TO
STRONG I'M BEARARM COULD U FIND A BETTER ONE CAUSE
I'M THE ONE I GOT MY CD ON LIFETIME SCRATCH WARRANTY
MIC-CHECK WHATS UP R U GOIN TO PRAY NOW OR LATER

SCRATCH

THIS AIN'T NIKE BUT JUST DO IT

CHECKPOINT CHECKMATE I DON'T SEE WHY U STILL TRYIN'
HATE ITS GOIN DO WHAT IT DO SO SEAT BACK N LET THINGS
TAKE PLACE I BEEN THERE I DONE THAT SEEN IT IT ANIT
NEW TO ME I JUST DO IT LIKE NIKE IS IT MY CHECKSIGN OR
SIGNCHECK MY MONEY COME IN BUNCHES I GOT SO MANY
MUNCHES ITS SO HARD TO CRUNCH MY CHEVY N KNOW I'M
SEATIN ON 24" IN THE PARKIN LET ME DO WHAT I DO I JUST DO
WHAT IT DO IN WAIT TO CHECK U HOT LIKE MOMMA MAYBE
SHE BE A SPANISH PRINCESS LET ME STEP N MOVE THAT YES I
WILL DO THAT IN I WANT LOOK BACK I JUST KEEP IT WET AND
HOT FOR A FACT SHE REALLY NEED THAT CAUSE I'M ON MY
THIS AIN'T NIKE BUT JUST DO IT N SHE WITH THAT I CAN'T
STOP THE NIKE SIGN FORM PULL'N DIMES AND ONE OF A KINE
CAN SHE BLOW YO MIND WITH MY EVERYDAY LINES YO BABY
U CAN CALL ME SODA-POP CAUSE WHEN I'M ON THE EAST
ITS POP BUT WHEN I'M ON THE WEST IT'S SODA SO THAT'S
WHY THEY CALL ME SODA-POP U KNOW ME JUST DO IT

SCRATCH

CURIOUSITY KILLS CAT

I BE THE CO COOK IN CARRY THE HOOK I'M INSANE IN
THE BRAIN SO YEP IT'S ME I'M STEADY DOIN MY THANG U
CAN CALL ME MARCUS CAUSE I'M ALWAYS AT THE MALL
SHOPPIN EVERY WINTER WHEN WILL I FALL I JUST SPRING
HERE COME MAY I FALL I JUST SPRING HERE COME SUMMER
MAN SO WHAT I'M PULLIN HO'S FO MY HO I'M THE CEO
SO I DON'T NEVER WORK I JUST MAKE IT LIKE HARD EVEN
THO IT FEELS GOOD IT KEEP ME MELO #7 TO MY NAME I
PRAY THE PEOPLE GET MY MESSAGE I'M WALKIN WITH THE
TRUTH IN HIS NAME SHAWN BLESSIN TO HIS DAY MAY HE
SEE THE MALL N SPRING HERE N THERE ME I'M AT THE TOP
OF MY KEY TO THE STREET N STILL COULDN'T TOUCH S. I
KEEP IT ORANGES TO APPLES IT'S ALWAYS OPEN DOORS
TO SOME MORE HERE TO THERE SHIT ONCE I'M REBORN
FROM THE GREATS THAT CAST AWAY I BE IN THE GM ARENA
ON MY 123 SETTING UP SHIT NO OTHER COACH CAN THE
COACH TOLD THE TEAM STOP PLAYING N GET TO WORK

SCRATCH

MONEY I BE

WHEN I WALK IN THE PLACE U MOTHERFUCKA KNOW WHAT
IT BE ANIT NO NEED FO ME TO SPEAK MY QUARTER STATUS
IT BEEN SPOOKIN IN NOW ROLLIN ON SOME SHIT THAT I'VE
WROTE IN AIN'T NO NEED FO ME TO WORRY ABOUT THAT I
JUST WAIT FOR MY QUARTER STACK IN I DALLAS LIKE DIRK
STRAIGHT FORM THE SEA U CAN CALL ME JORDAN CAUSE I'M
ALWAYS WINNING RINGS THAT JUST APART OF ME IN APART
OF MAN MY MONEY I BE MY MONEY MONEY I SEE ITS ALL IN
MY ENTIRE THAT I'LL BE SHORTLY RETIRED IN U CAN ADD THAT
ON MY PENDING OR MY STACK HIGH BREAD I'M INTO BAKIN
UP A LIVIN OR TWO A GIRL ITS HOW U WANT TO DO IT I'M
STEADY UNDER PRESSURE EVEN IF I HAD TO WORK A BALANCE
BEAM I STAY TRUE TO WHAT I DO CAUSE NOBODY CAN HOLD
ME DOWN I'M TOO UNSTOPPABLE I'M A MASK MAN WITH A
MAG THAT UH LET YO BRAIN SAG U LITTLE FAG MY MONEY I BE

SCRATCH

4 ADVERTISMENT CALL 1800 BAM

I'M LIKE FRED THE FLINT STONE I'M ALWAYS KICKIN UP
PEPBEL I GUESS U CAN SHIP ME OFF TO BEDROCK CAUSE I
ALWAYS KEEP STONE BLOCKS THAT'S WHAT KEEP ME FROM
GOIN FLOP N YEA NIGGA I NEVER BEEN BARNEY THE FLAKE
I JUST TOOK IT THE GET ON WAY BUT SO EARLY I AM SO
U CAN CALL ME BARNEY TAG TEAM ALONG ALL THE WAY
TO THE BANK N NOW I GOT RANK SO PULL UP BREAKIN
OUT THE BANK I CAN DO WHATEVER IT TAKE IT AINT HARD
MAN I PULL THE EARLY BIRD IN GOT ALL MY EARLY WORM
SO IF U GOTTA PROBLEM CALL 1800 BAM OR PLEASE CALL
SAM WE USE TO ROC THE MATCH'N JORDAN'S IT WAS ALL
EQUAL THEN NOW I GOTTA SLIGHT LEAD AHEAD OF U I GOT
PLENTY OF TEAM THAT BRINGS ME LEADS N I CALL THEM
LIKE DO U WANT TO SAVE MONEY WITH THIS WEBSITE BASE
PROGRAM SHE SAID YES BUT I AINT WORRY N LESS SHE
GOT THAT MONEY OFF TOP WE WILL NEVER STOP I GOT
ENOUGH PRISONERS TO BUILD WHATEVER I NEED SO NOW
AMERICAN'S N MY POCKET CAUSE I KEEP IT GANGSTER

SCRATCH

I'M GETIN RICH NIGGA

I BEEN THERE I DONE THAT SEEN IT I WAS ALREADY GETIN
MONEY ALONG TIME BEFORE I STARTED THIS RAP SHIT SO I
BE OUT A DIME IF I LEFT A RED CENT COME OUT MY POCKET
FO ANY OF THEM HATER'S I CONTINUE TO RIDE IN MY CHEVY
WITH THE WORLD ON MY SHOULDER PEOPLE COME TO MY
MOTIVE I STAY RIDEN IN I CANT LET ANYBODY GET ME DOWN
I DON'T GOT NOTHING FO U YO WANT U STAY AWAY OF MY
TEAM U KNOW WHO I'M TALKING TO I SAID N MY FLO U WALK
THROUGH MY SHADOW THAT'S WHAT CAUSE THE BATTLE
I CAN R.I.P WITH RICHES N WANT GIVE U SHIT IF I HAD IT
PIECE KEEP THE HEAT UNDER THE SEA WERE U NIGGAS SLEEP
I WALKED ON WATER IT STILL WASN'T MY BEST MARICLE
I HAD A CLEAR VISION OF BEIN THE LORD OF THE LAND I
STILL GOT DREAMS AFTER I R.I.P CAUSE WHEN I WAS HERE
I WAS RAIN MAN RAY FROM DETROIT I GOT THESE NIGGA'S
ON LOCK DOWN AND I GOT THE KEY N HAD THE KEY EVERY
SINCE THE 2008 ELECTION BUT CAMP RAY WASN'T THERE I
WAS N CALI LIVIN SQUARE NO MONEY NO HONEY'S NOW I'M
GETIN RICH NIGGA'S SO THE LADYS NEVER STOP CUMMING

SCRATCH

PERFECT SEASON

WHEN I WAKE UP IN THE MORNING IT DON'T MATTER WHAT
DIFFERENT GUY FINSHING MY BREAKFAST I'M N YO ARTHOR
LISTING SEE DON'T BE IN MINE N TO BUY IS MY GRIND WHAT
IT DO WHAT IT IS HOMIE SPIT N POO WHILE POO LEAVE U IT
ANIT MATCHING YO HOMIE CREW IT BETTER BE A PERFECT
SEASON CAUSE I'M RED RIDIN HOOD THAT'S WHY STAYIN N
THE HOOD SEATING 50 SOMETHING CHEVY VET IS ME KEYS
TO THE MAGIC DIAMOND N THE BACK THAT'S WHERE I LITE
UP THE SEEN CAUSE U MAKE ME WANT TO GET MO MONEY
MY STACKS CAME OFF BEIN THE AMBASSANDOR N I'M WAITIN
FOR MORE MY STACKS COME UP N THE WOMEN LIKE TO GET
N MY CAR I TOLD THEM STOP THE PRESSIN CAUSE I'M NOT
TO FAR FROM THE BEST TO EVER DO THIS SON ITS JUST THE
PERFECT SEASON TO DO WHATEVER U WANT TO DO U CAN
READ OR LISTEN TO MY FLOW CAUSE I'M JUST TAKIN CARE
OF U LIKE NO OTHER RAPPER CAN DO WHAT I DO FOR U
U CAN NEVER BE DONE BY NO ONE ELSE CAUSE U ARE MY
PERFECT SEASON SO INTO THE NEXT DAY GOODNIGHT

SCRATCH

MOMA HOW MUCH I MISS U

THE WAY U SHOWN ME THE GAME IS LIKE NO OTHER U ARE MY
MOTHER IN NO ONE CAN PLAY THE ROLL U PLAYED IN MY LIFE
WHEN U TURN MY LIFE INTO YOUR MYSTERY I KNOW I WOULD
SLOVE IT IN MOMA I STAY THINKING BOUT THE TIMES WHEN
WE DON'T HAVE IN HOW U PROVIDED A NEW WAY EVERYTIME
IN I MISS U YES I MISS U WHEN I SEE U AGAIN I'M GO'N SKEZZ
U IN MY ARMS N KISS U LIKE I NEVER DONE BEFORE CAUSE I
LOVE U YES I DO UNTIL THEN U WILL REMAIN IN MY HEART
TO THE DAY I DIE CAUSE U MODEL A CHAMP IN I TOOK THE
TROPHY IN PULLED THINGS TOGETHER N I MOVE THINGS DAY
TO DAY CAUSE THE LORD OF THE LAND IS NEAR I CAN SEE
THINGS CLEAR N I STILL STAY FOCUS ON THE BIG PICTURE N
I WATCH THE TIME OF DAYS WE LIVE N CAN U CALL ON ME
MOMA YES U CAN I WILL BE THE BEST CHILD U COULD HAVE
EVER ASK FOR N I WANT STOP LOVIN U EVEN AFTER U REST IN
PEACE I STILL GOT THINGS FOR US TO SEE N DO CAUSE I LOVE
U MOMMA N I MISS U INTO THE NEXT TIME I SEE U ONE LOVE

SCRATCH

LET ME TAKE U 2 THE CAR SHOP

I'M FROM THE STREET SO U DON'T WANT NONE I GOT TO
MANY GUNZ UNLOAD THE CALIBER FOR FUN WHATS YOUR
CALIBER U R A ANIMAL WHILE I'M MORE OF AN ANIMAL
CAUSE I EAT BARS N I AINT TALKING BOUT RAP THIS CRAZY
HOW U NIGGAS ACT I WAS ONLY 15 WHEN I STARTED HUSTLEN
SO GETTING THIS MONEY IT AINT NOTHING NEW TO ME I
JUST DO IT I DON'T KNOW HOW TO TAKE IT BUT GOOD N
THE HOOD CAUSE I'M NEVER MISTAKEN I'M SO CERTIFIED IT
SHOULD TAKE JUST MINUTE'S TO GET THIS OFF TAKE JUST
MINUTE TO RIP THIS OFF HAMILTON BUT I JUST KEEP IT GOIN
CAUSE I'M A STEADY FLOW THAT START AT THE BOTTOM N
WORK IT'S WAY UP I'M TO TALL FO U LITTLE NIGGA'S MY NINE
SO FINE N MY DIME ON TIME SO GO AHEAD N REWIND THE
SONG CAUSE MY MONEY KEEP GROW'N N GROW'N LIKE THE
ENERGIZER BUNNY N MY SWAG SO GANGSTER MY STYLE
IS NOT TO FOLLOW THEM I'M TO BUSY BEIN THE LEADER

SCRATCH

I'M THE 27 YEAR OLD CATMAN

MY MOMMA ALWAYS TOLD ME I WAS PUT IN THIS WORLD
ALONE I'M GOIN DIE ALONE BUT ALONE MY PATH I LEARN
WHAT IT MEANT TO BE A CATMAN I'M A CATMAN WITH OUT
MY CATWOMAN SO I STAY ON MY TOES SO NATURALLY I
STAY ON MY GRIND GET MONEY TAKE A LITTLE TIME BUT
I'M PASSION FO MY PASO NIGGA U CAN HATE DOW CAUSE
GETTIN OUT THE HOLE NIGGA'S ALL KNOW THERE WILL
BE HOLES BUT NOW I'M ON MY GRIND FO MY MONEY SO
EVERYBODY LEFT LOOKIN FUNNY NOW I'M THE CATMAN I
GOT MY STRATEGY BEIN ON YO OWN U LEARN N YES THATS
APART OF ME ITS NO LET GO N MY MILITARY ONCE U N U
ALWAYS N I CAN SEE THE DOOM COMIN NOW AND HOW
WONDERFUL WE ARE BOUT THAT MONEY POWER N RESPECT
I SHOW IT N U SHOW IT BACK ITS MY NIGGA'S MAKIN MONEY
NEVER FEEL'N BUMMY MY NIGGA'S FINALLY MADE IT HERE
TO BE SOMEBODY NOW HE GETIN MONEY SO NOW THEY
TAKIN CARE THE BUNNY'S N THE BUNNY'S TAKIN CARE OF
THEM THAT'S WHAT WE DO N THE NATION GET MONEY

SCRATCH

I'M A PASSANGER SO
I JUST PASS IT

I'M A PASSANGER CAUSE I'M PASS N UH IN I JUST PASS IT IN I
JUST GRAB IT I'M ON MY LET U HAVE IT WE STRAIGHT FROM
THE ALLEY SO I'M ALWAYS MAKIN MOVES ONE MOVE TO
ANOTHER IT'S LIKE NO OTHER I'M JUST ANOTHER NIGGA I GOT
PLENTY OF TEAM THAT PASS N UH MY NIGGA PLAY FLUTE
CAUSE I'M ALWAYS ON MY SASSAPHONE NIGGA YOU ARE
NOT NEEDED I'M THE PASSENGER IN I'M HANDS TREE LIKE
MY BLUETOOTH SO SITTING HEAR TRYIN PASS THE MESSAGE
THAT WHEN U SEE ME N THE STREET YOU DON'T KNOW ME
I GOT TO MANY PLACES TO BE FOR YOU TO EVER SEE I'M
ON OR OFF I'M THE CLOCK N I BEEN THE TIC SINCE I TOC MY
FIRST SONG I'M THE LEADER OF THE DOOM SO RESPECT
MY VIEW WHEN I SEE U YO WITH OUT HOVA I WOULD'NT
MOVE SHIT BUT NOW I GET IT SO THEY CALL ME THE MOVA
CAUSE I'M ALWAYS MOVIN EVERY DECADE U WILL SEE WHAT
I HAVE DONE SO GIVE PRAISE TO THE ALMIGHT DALE N ME

SCRATCH

MOVE LIKE THE ROC

FIRST THING U NOT ON MY LEVEL U CAN TRY BUT U OR YO
CREW WANT TOUCH MY DANISTY INSIDE THE DANISTY OF
ROC NATION AS LONG AS I STAY ON MY ONES AND TWOS
CAUSE I'M ONLY TWO ONE STAY'N ON MY THREE NEVER
WILLIN TO BE SEEN JUST READY TO GRAB BAGS IN MOVE
LIKE HOVA I'M ALWAYS MAKIN MOVES ONE AFTER TWO
IN ONE TO THREE SO SAT A DATE TO SEE ME I DOUBT IF U
GOT ANYTHING I NEED I'M TO BUSY MAKIN BREAD SO GET
YOURSELF TOGETHER MAYBE THINGS WILL BE A LITTLE
BETTER THROUGH THE QUIET STORM I WALK IN THE RAIN
CAUSE THE RAIN DROP AINT TOUCHIN ME I'M IN MY ZONE SO
LET ME FLOAT MAN I'M DONE FLOW'N I THINK I'LL LET THE BET
FLOAT FROM HERE MY SONGS WILL LEAD U TO FEAR I'M LIKE
THE NIGHT BEFORE HALLOWEEN CAUSE I'M ALWAYS BOUT
THE DOOM SQUAD ITS EITHER GET DOWN OR STAY DOWN

SCRATCH

ALBUM TWO

FUCHILLIN FOR MILLION$

I BE UP IN THE CLUB ON SOME TRILL SHIT I WAS N ATL SO I
RODE WOODGRAIN U KNOW I'M GOOD FOR WOODGRAIN I
GOT GOOD GREEN YOU DUES SO I DON'T NEED ANYTHING
FROM U FAKE ASS DUES GET ON SOME REAL SHIT CAUSE
EVERYTIME I COME AROUND YOU BE ON THAT GIVE SHIT
NIGGA I CAME FROM THE BOTTOM NOW AT THE TOP I DON'T
NEED YO JOKE I JUST MOVE N GO IN THE FASTLINE IF U AINT
ABOUT MONEY FUCK U FOOL ALL I DO IS JUMP IN THE POOL
N KICK-BACK CAUSE I SWIM LIKE A SHARK ON PC. NET. COM
MONEY ON THE NET N BUSINESS ON THE COM CAUSE I'M THE
DUE THAT SEEN BLUE AND BLEED RED INTO I'M DEAD I BE
WAITING FOR THE SONG THAT BRING THE DEAD A LIFE THE
SHADOW OF DOOM I MEET CHUCK ASK HIM IF HE KNOW I WAS
THE LEADER OF THE DOOM HE SAID NO I SAID WELL NOW
U KNOW N THEN I SAY REMEMBER ME OR FOREVER REST IN
PEACE R.I.P TO THE LADY'S I'M JUST FUCHILLIN FOR MILLION$

SCRATCH

THE CAT IN THE HAT

I'M THE CAT WITH DA PIMP HAT CAUSE I'M PIMPED OUT WITH
OUT A DOUBT GIVE ME MY PROP'S SHOUT IT OUT THATS
WHAT ITS ALL ABOUT I GOT STACK ON DECK N SODAPOP
TWO ONE FOR ME N ONE FOR U SO STICK AROUND I'M GOIN
BE THE MACK IN THE HAT WITH A SLICK OUT CADILAC U DO
IT MY WAY OR U CAN HIT THE HIGHWAY CAUSE I DON'T GOT
TIME FOR ALL THE BITCH SHIT I SAID FUCK THESE BITCHES I
NEED A BITCH SO THAT I CAN LEAN WITH HER N ROC WITH
HER CAUSE I'M THE TIC-TOC ALL AROUND THE CLOCK I'M
THE LEADER OF THE DOOM N WE SWEEP THE CITY BLOCK N
ALL THEY SAY IS PRAY TO THE LEADER OF THE DOOM N HE
SHALL DESTROY U UNDER HIS DAY YES PRAY TO RAY AND I
SHALL BLESS U EVERYDAY I DON'T LIKE YO MISSIN HONOR
IT WORRY ME CAUSE I DIDN'T TELL U TO HONOR ME SO GET
OUT MY FACE WITH THAT HO SHIT I SAY VERY LITTLE YO BABY
MY NAME IS RAIN MAN RAY N I'M KNOWN FOR MY WORKS

SCRATCH

IT'S ABOUT CANDY

U KNOW WHAT I'M ABOUT SO I DON'T EVEN HAVE TO TELL
U EVERY SINCE I WAS 15 I BEEN MAKING IT ON MY OWN
EVEN IF I HAD TO FAKE IT JUST TO MAKE IT WHATEVER
IT WAS I HAD TO PUT FOOD ON THE DINNER TABLE BUT
NOW I'M RAPPER ON MY FAVE RAPPER RECORD LABEL SO
GLAD I MADE IT NOW I'M OUT THE HOOD THEY USE TO
CALL ME THE RUBBERBAND MAN NOW I'M OUT THE HOOD
N I'M STILL GRINDN STAYN ON MY MINDN N ALWAYS ON
MY BUSINESS SO I'M ALWAYS ON MY MISSION SO WATCH
ME DOUBLE UP I'M ON XXL LOOKIN SO 007 SO TAKE 4 IN
LEAVE ME TOO EVERYDAY MAN WELL OR AT THE END OF
THE BLOCK LIKE THERE THERE DO U REALLY THINK I CARE
ME IN MY BITCH GONE RUN THE USA I'M WAITIN TO PUT
U PRISONER UNDER CAPTIVITY DO HAS I SAY OR FOREVER
HOLD YO FUCKIN PEACE BEFORE I PUT YO ASS TO SLEEP
IN MAY U R.I.P I'M SICK OF THE GOV. WE ARE NOT UNITED
THESE ARE THE STATE OF AMERICA N THAT'S HOW I SEE IT

SCRATCH

WHEN WILL I EVER BE

IS IT A SPECIAL GIRL THAT U EVER WANT TO SAY HELLO TO
JUST TOO BRIGHTEN YO DAY YEA I KNOW U FEELIN THAT
CAUSE SHE ALWAYS THERE WHEN U NEED HER N SHE SO FINE
AND U HER ZERO BUT DON'T WORRY U CAN STILL BE HER
HERO CAUSE THE GAME IS FULL OF FALLIN MAN N WOMEN
THAT'S READY TO DIE FOR THERE LOVE ONE BUT ME MAN I'M
ALL ABOUT THE SIZE OF SHAQ N THE PAINT THEN MAYBE U
CAN CALL ME LIKE THE DALE'S ON THERE WAY TO SEE THE
LEE'S BUT RIGHT NOW I'M TRYIN GET TO THE YEAR 2020 SO
THAT I CAN PUT THESE NIGGER'S TO WORK SO AIN'T NO
NEED TO SPEAK ABOUT MY NIGGAS CAUSE WE ALL PAID SO
NOW TAKE ABOW TO THE LORD OF THE LAND ALL I WANT
IS MY CAP N CAPTIVITY I GOT A STACK FROM EVERY DECK
MADE CAUSE I'M THE MAKER N MY WIFE THE CREATION
SO THAT'S THE WAY WE ROLE N DON'T SAY I DIDN'T TELL
U THAT JAY-Z THE GOD N YOUNG RAY THE LORD MAN I'M
TRIED OF TALKIN ABOUT LAND N THE MOVES I MADE N
THE YEAR OF 2020 NOT REALLY I'M JUST GETIN STARTED

SCRATCH

WHAT I DO I DO WHAT I DO

IT AIN'T BOUT WHAT U TALKIN IT'S MORE BOUT WHAT U
WALKIN IT AIN'T BOUT WHAT U STACK IT'S MORE BOUT
WHAT U STACKIN IT AIN'T BOUT WHO U FUCKIN AS LONG AS
U FUCKIN IT'S YOUR TIME NOW SO DON'T LET IT REBOUND
STAY ON BROAD U GOT TO BE DENNIS IN MORE DON'T LET
A TEAR DROP THAT'S WHEN THE LIGHTSOUT SO WHEN THE
BALL BOUNCE THAT'S THE BEST TIME FOR THE CAT POUNCE
BUT STAY HEALTH N MAYBE U WEALTH WELL I'M YOUNG
RAY I STAY SCRIPTURE CAUSE I'M SO TRUE N I'M SPEAKIN
SCRIPTED I DON'T WANT TO OFFEND U BUT THE NATION
MUST DIVIDE N CONCUR CAUSE MOST OF U DUES JUST
BUMPIN GUMS NIGGA U WANT BUST A GRAPE N A FRUIT
FIGHT OR SCRATCH A CAT N A CAT FIGHT I BE ON THAT TRUE
SHIT TOLD U I'M HOLY CAUSE JAY BAPTIZE ME WHEN I WAS
A YOUNG 16 WHAT U WANT SOME MORE BARS OR DID THE
NEXT ELECTION WORK THESE NIGGA'S N THE ACE HOLE

SCRATCH

RENAISSANCE MAN

I BE N A CRIP ZONE IT'S MY C THRONE THAT'S WERE I BE I
ALWAYS BE THERE AIN'T NO SHAME ITS NO PROFAME I'M
TO READY FOR WHATEVER U HAVE I'M HOT I STAY FLOSSING
LIKE I STRING I STAY PIMPIN WITH MY RING I MIGHT BE
MARRIED BUT I'M STILL A PIMP WHATS YOUR NUMBER I'M
COMIN OVER WE WANT TELL NOBODY IT'S JUST ME N YOUR
SECRET YOUR VICTORIOUS N YOUR MY VICTORY SO WHAT
YOUR IDEA TO THIS SEX POSITION HOW CAN IT MAKE U OR
BREAK U WHATS YO BATTLE ABOUT I'M YO WARRIOR DURIN
STRESS TIME THAT'S HARD TO DEAL WITH HOW BOUT I TAKE
U ON A DATE N THEN WE CAN RELATE U TELL ME YO SECRET
AND I'LL TELL U MINE U SO SWEET N FINE I JUST WANT TO
MAKE U MINE FOR KEEP NOT JUST FOR A QUICK SECOND
CAUSE I'M SECOND TO NONE I'M UNO U KNOW ME OR DO
U KNOW RAY AND HIS WORKS I BE ON DIFFERENT SHIT
AMERICA STAY ON THAT DREAM SHIT I'M MAKIN IT REALLY
HAPPEN WHAT'S A DOLLAR TO A MUTI-MILLIONAIRE

SCRATCH

I SO FLY

WHAT U WANT TO DO I GOT TO MANY MOVES TO MAKE
HOW U GOIN GET THROUGH TO MANY BODY'S BEEN LAID
DOWN TO MANY NIGGAS KNOW MY NAME YES I'M TO MUCH
FOR THE POPAROCK SO I JUST STAY FLY WITH MY CAP ON
LOCK I'M JUST TO HIGH TO EVER KNOW I'M ON WHO COULD
BE SO FLY HUSTLER TO THE DAY OF THE END EVERYBODY
KNOW WHAT THE BIBLE WROTE SO WHEN IT'S TIME LET IT
BE KNOWN I'M THE LEADER OF THE DOOM ASOOM TO THE
FELONY N LET HIM BE APART OF WAR N THE USA IS ON MY
TEAM THANK YOU FOR YO HELP SON NONE OF U KNOW WHO
THE KING AND RULER IS ITS ME N JAY SO GET THE FUCK ON
CAUSE WE SO FLY N I WROTE A BOOK N U SHOULD KNOW
WRITING THIS BOOK WAS MY WAY OF GETTIN THROUGH
SO COME TOO THE NATION CLEAN N REST YO P BUT IF U
COMIN THROUGH DIRTY U GOIN FRONT LINE DID U GET THE
MESSENGER I WAS IN THE MIDDLE U KNOW ITS ME MARC
USA. RAGS TO MY RICHES N YES ALMIGHTY DALE COMES
LATER SO FOR NOW U PRAYS RAY THE SON OF GOD

SCRATCH

I DID IT FOR THE CITY

U CAN CATCH ME ON THE BLOCK STEADY SHIPPIN STOCK I'M
R.I.P N THE CITY U CAN BELIEVE IT OR NOT I'M TOO COLD TO
EVER BE HOT I GOT TOO MUCH INVESTED MADE TO MANY
INVESTMENT MEET TO MANY INVESTORS I JUST OPEN THE
BOOK N COLLECT IT N NO I'M NOT A GRADE A DON'T U
THINK ANYTHING IS FREE I LIKE YO WORK I'M GLAD OF IT IF
IT WASN'T FROM COUSIN SAM I WOULD HAVE CORRECT MY
WRONG BE NOW ITS YOUNG RAY 4 ANY FILM I'M BACK N THE
CITY LIKE IT'S ME U KNOW I'M TALKIN MONEY MUTI-MILLS I
STAY IN THE WOODS CAUSE I WISH A NIGGA WOULD TRY MY
KINDNESS FOR WEAKNESS CAUSE I'M N THIS MOTHERFUCKA
LIKE WERE THE MOTHERS TO FUCK A WHAT U TALKIN BOUT I
STAY FLY SINCE 95 THAT'S MY NIKE SWAG WITH A NOTE IN MY
POCKET IN YES I KEEP IT ROLLIN LIKE KID INK CAUSE I DID IT
FOR THE CITY OF DETROIT N I'M BACK IN A CHEVY LIKE DON'T
WORRY BOUT IT ITS ALL NATURAL WITH THE FRESH SCENT N
A NEW WHIP LIKE THE CREAM MINE IN THE MILLIONS FROM
GOD TO THE LORD OF THE LAND THEY PAY ME ANOTHER
LUMP SUM THAT I'M NOT TALKIN BOUT I DID IT FOR THE CITY

SCRATCH

RIDE WITH MY NIGGA'S

IT'S A LOT OF TALK BOUT WE CAN'T GET ALONG NIGGA WE
TO STRONG THAT LEFT ARM JUST CAUSE IT GO WRONG SO
AIN'T NO NEED'N US FAKING IT DAY TO DAY AIN'T NO HO N
HIM N AINT NO HO N ME I'M TOO BUSY TRYIN MAKE OTHER
MOVES TO PULL UP MY TEAM TURN'EM TO THE NATION NOW
ALL MY NIGGAS GRATEFUL I'M THE LEADER N MY NIGGA'S
IS THE DOOM I BOUGHT'EM OUT OF FELONY N TURN'T
THEM INTO SOLDIERS NOW I'M LIKE LOOK ITS ME I GOT THE
MILITARY UNDER MY SLEVES I'M THE LEADER OF MY TEAM
N THERE THE DOOM WE GOT TO MANY MOVES YET TO BE
MADE I'M JUST THE BEGINNING MY 9TH GENERATION IS THE
ENDING I GAVE U WHAT U WANTED I DON'T GOT TIME TO
TALK I GOT TIGER STRIPS ON MY LEFT ARM HOW U GOIN
GET IT I'M A TIGER WITH NINE LIVES N THE FEELING IS GOOD
I'M SO GRATEFUL I THROW MY SET UP N SAY THANKS GOD
WE BOTH GOT WHAT HAVE U'S I JUST GET IT FOR THE LOW
NEXT I'M SO FLY I GOT MY OWN JET THEY CALL ME MARCUS
THE VOLUNTEER CAUSE I COACH LIKE I ALREADY WAS THE
PA RUNNING UP THE SCORE HAS A DETROIT PISTON

SCRATCH

REAL OF MIND

WHAT IT IS HOMIE NOW WHAT IT DO I SEE WHEN WILL U SEE
I'M SICK OF THE BS I GOT NO TIME FOR SHIT OF THAT MADDER
I'M TO BUSY TRYIN GET THE NEXT QUARTER SO THAT I CAN
STACK UP MY BREAD N MAKE IT STRAIGHT OUT THE KITCHEN
THAT'S MY WELL BEAM TO THE LIGHT N THE ATTIC I BE ROLLIN
UP SOME GOOD WEED OUT THE SACK LIKE RAY LEWIS ON MY
FIRST RING ON MY WAY TO MY NEXT ONE N I'M THE REAL OF
MIND SO DEAL WITH THAT N MAY IT STICK WITH U I TOLD U N
MY FIRST ALBUM I'M A YOUNG BLOOD OR ONE OF THE OLD
CRIPS I ALWAYS HOLD ON TO MY GIRL TO GET MORE GIRLS YES
I TREAT HER LIKE THE QUEEN SHE IS N ALL THE OTHER GIRLS
LOVE THE WAY I TREAT MY GIRL SO THEY LIKE ME MORE CAUSE
I'M A TRUE MAN THAT ALL THE LADYS LOVE BUT I'M STICKIN
TO MY LADY N THAT'S REAL OF MIND TO THE END WHEN THE
BET STOP N I BE LIKE UH LET ME TAKE U TO THE CITY N SHOW
U WHY I'M SO GANGSTER N WHY ALL THE LADYS LOVE ME R.I.P

SCRATCH

CALI DREAMS

SO IT LEAD TO THE AMERICAN STUDY THE MEDICAL HAS
OPEN UP THE VEGGY MAN N FRUITY WOMAN SO THEY WENT
DUM N SHE SEEN IT COMIN CAUSE I DO WHAT I DO SO U CANT
STOP IT I'M RUNNER OF THE LEAD MAN READY TO BARE ALL
THE GOOD NEWS WHILE THAT'S WHAT I USE TO DO NOW
I'M DOWN WITH JAY THE KINGDOM TRYIN SEE THE REAL OF
MIND N STAYIN TO MINE IS MY M.O. I'M RUNNER OF MY OWN
LEAD NOW I STEP ON THE STAGE N LEAD'EM ON CAUSE I BE
THE CAT WITH NINE LIVES N TIC'N I'M THE TOC TO THE ROC
SODAPOP ROCK THE STAGE CAUSE I'M WITH THE NATION N
I'M SO GREATFUL THANKS TO THE KING OF GOD'S CAUSE I'M
WORKIN TO BE THE LORD OF THE LAND AND THE LEADER OF
THE DOOM CAN U SEE ME CLEARLY N THE YEAR 2020 CAUSE
I BEEN AT THE BOTTOM N DON'T WANT TO GO BACK NOW
I STAY ON TOP OF MY GAME CAUSE THAT'S WHO I BE SO
SPEAK NOW OR FOREVER HOLD YO PEACE CAUSE GOD JUST
SIGNED THE LORD A DEAL SO R.I.P TO MY SOLDIERS LEFT IT
SEALED N LOCK UP HEY WERE'S THE KEY TO MY CALI DREAMS

SCRATCH

SECOND HAND MONEY

WHEN IT COME TO HO'S ITS JUST THE GO TRAIN IN AT STOP
I'M BACK TO MY HO AGAIN WHEN WE TOGETHER ANIT NO
BODY CHANGING THE WEATHER CAUSE I'M GOIN MAKE IT
RAIN ON U WHEN I TELL U I BROKE THE SEAL N THE CIVIL
RIGHTS MOVEMENT U SHOULD HAVE WAITED FOR ME U
WIN THE RIGHTS BUT U AIN'T RIGHT U STILL WANT TO BLEED
OVER SOME OLD SHIT NIGGA GET DOWN OR LAY DOWN
THIS THE NATION COME'N U ALWAYS TALKIN BOUT HOW
U RUN THIS SHIT BUT U NEVER GET PAID SHIT I BE A LITTLE
LIE THAT U CAN'T SEE THAT'S MY M.O. N THE CITY BUT ITS
THEM BIG LIES I BE TRYIN NOT TO HEAR I'M ON SOME NEW
SHIT YO GIRLFRIEND BLEED EVERY 5TH SHE ALWAYS TRYIN
GIVE A HAND N UH SPIT U TO BUSY WORRYING BOUT THIS
N THAT U FORGET THAT U THE LIFT SO MOVE OR BE MOVE
WHEN IT COME TO US WHO UP LIKE ME WITH NIKE'S ON
THEY FEET SO I HAD TO SNEAK UH GEEK I'M YOUNG RAY
THAT'S ME ALL I DO IS STACK FIG'S TALL HAS YAO MING
THAT'S SECOND HAND MONEY N I'M GOIN LEAVE IT AT THAT

SCRATCH

BEAST OF THE EAST

I'M N THE BACK OF THE CLUB I'M ON THAT G SHIT CAUSE I DON'T GOT TIME FOR YO UNIT WHEN I'M ON MY BARS ITS LIKE U WAS WHO I COULD HAVE FALL'N TO THE OF OF EFFECSION N THE FACE OF OPRESSION DEVIL UNDER ALL THE REP.'N I THROW UP MY SET ANYWHERE N THEY KNOW ME HAS YOUNG RAY FROM DETROIT OR SHOULD I SAY RAY RAY COMIN BACK LIKE CAMP RAY SO STAY OUT MY WAY OR BE MOVED BUT MY MUSIC IS THE KEY TO THE KEYS THE MOVEMENT OF THE KINGS N GODS MY BARS TO THE BET THAT'S ALL I NEED MY FRESH LOOKS LEAVE YO MINE THINKIN THEN I SNEAK N FOR AH KISS I BEEN ON MY SINSAY SINCE 2000 BY 2020 I'M GOIN DO A DOUBLE FLIP LIKE YEP LETS ROLL THROW TIME WITH UH SWISSER SWEET N I FELT THE FIFTHY 50TH ALONG THAT'S WHEN WEST STILL HAD HIS BEST THE SMITHERN SEE DEATH IS LEFT CAUSE HE KNOW SOMETHING ELSE THEY USED IT BEST N THE WARS HERE N THERE SO EVERY TEN YEARS THERES ANOTHER WAR I SAID HOLD ON THAT'S JUST A FIGHT TO THE END

SCRATCH

I SMOKE LIKE AH INDIAN

I WAS CHILLIN SO I STARTED ROLLIN UP A COUPLE SWISSER
SWEETS I'M JUST GET'N START IT I'M GOIN END UP DRUNK AS
A SKUNK TRYIN FIND A HUMP I'M GOOD FOR BEING THE BEST
ON THE LAND N THE UNITED STATES OF AMERICA CAUSE U
CAN CALL ME THE KEY CAUSE I GOT SO MUCH TO DO N THE
YEAR 2020 U DON'T WANT TO EVEN KNOW NOTHING OR
ANYBODY GOIN HOLD ME DOWN I'M THE LEADER OF THE
TEAM U CAN CALL THE NATION EVERYMAN IS COUNTED FOR
N THEY ALL END UP N MY PRIVATE CEMETERY WITH THERE
HEAD UP HIGH WAITIN ON THE TIME OF THE END THE NATION
BODY WILL REMAIN UNDER N THE NATION BLOOD WILL
REMAIN OVER SO I'M ROLLIN UP SOME MORE WEED SO I CAN
KEEP IT FLOATIN N MY MANSION WITH THE MUSIC BUMPIN
N THE WEED ON LOUD I BLOW WEED N CASH EVERYDAY I'M
SO GANGSTER MY TEAM STAY WAITIN FOR THAT TIME SO
FOR NOW WE CHILLIN ROLLIN UP SWISSHER SWEETS WITH
OUR SET TO THE SKY SAYIN THANK GOD HIS NAME WAS
SHAWN SO CAN U SEE HIM NO CAUSE ONLY THE PROFIT
CAN N THAT BE ME YOUNG RAY SMOKE LIKE AH INDIAN

SCRATCH

SPICE UP LIKE AH COOK BOOK

I'M SO COOL NIGGA'S U CAN DO WHATEVER U DO I'M TOO
BUSY CHILLIN WITH MY GIRLFRIEND THEN TWO MORE LATER
ONE FOR MY GIRL TWO FOR THE LADY'S N I STAY SO FITTED
WITH THEM LACES THAT BE LACE'N UP THE SEEN I'M ON
YO TV SCREEN CAUSE I'M YO CUZ'O FROM DETROIT THAT
THE LADY'S CALL YOUNG RAY BUT MY NIGGA'S CALL ME
RAY YES I DO THE B WALK IT'S JUST THE YOUNG BLOOD N
ME THAT KEEP ME ON MY HEELS IT'S LIKE I'M BALL'N N TAR
I GOT TO GET IT OFF ME TRYIN TOUCH THE WING OF THE
DETROIT REDWINGS FROM **THE GM ARENA** VEIW I'M GOIN
BUY ANOTHER ONE IT'S ME THE LORD OF THE LAND DID U
SEE THE KEY ON B.E.T STARS N THE YEAR 2016 CAMP RAY
THE GEEK I ASK MY GIRL COULD IT BE BETTER SHE LOOK
BACK N SAID NO YO AINT IT SUCH A WONDERFUL WORLD
NOW IT'S THE YEAR 2016 N THEY LIKE CAMP RAY BACK I'M
LIKE HOLD UP U CANT SEE ME YET THEN I THROW THE KEY
N THE CHAIN AT'EM N TOLD HIM DO SOMETHING WITH IT
THE KIDS TO YOUNG TO HEAR THIS COOK BOOK SO I MADE A
COMMERCIAL JUST FOR THE KIDS EYES N EARS HOPE U GET
THIS MESSAGE KIDS U CAN DO WHATEVER U PUT YOUR MIND
N BODY TO DO U CAN EVEN PROP LIKE ME IN GOD WE TRUST

SCRATCH

YOU GOIN LOVE ME

WHEN I STEP IN THE PLACE TO BE YOU KNOW I STAY FRESH
TO DEF WITH MY CREW I THOUGHT U KNEW NOW I'M ON THE
BREAK UP MAYBE SOMETHING ELSE WILL ALIGN THE STARS
WAS IT LOVE OR WAS WE JUST FUCKIN AROUND SO I GUESS
I KEEP IT TO MYSELF NOW I'M BACK N AINT NOTHING GOIN
STOP ME CAUSE I'M YOUNGEN TO MOST OF U THE REST OF
U KNOW ME HAS THE LEADER OF THE DOOM N THE YEAR OF
2019 RIGHT BEFORE MY RULIN N THE YEAR 2020 I GOT DATES
ON TIME LIKE I WAS SOME CHOCOLATE ON VALENTINE'S DAY
I HOPE U CATCH MY GROOVE I BE N THE LOVE OF HOOVER 52
CAUSE I'M YOUNG BLOOD WAITIN TO BE AH OLD CRIP THAT
KNOW THE HOOD LIKE HE THE KING OF KINGDOM'S I DO OK
BUT I'M MORE ABOUT THE MOVEMENT OF THE USA CAUSE
I'M THE LORD OF THE LAND N U WILL LEARN TO SHOW ME
RESPECT YES I THROW UP MY SET LIKE WHAT SON I'M THE
LEADER SO I DO NOTHING BUT HANDLE BUSINESS MAKIN
MOVES FROM CITY TO CITY TRYIN GET MY MESSAGE THREW
THAT I GOT MY OWN MILITARY N I'M OFFER'N POSITION TO
ALL MY NIGGA'S WITH FELONY'S N THAT'S THE WAY I ROLL

SCRATCH

ALBUM THREE

WHEN WILL WE WIN

I WIN NO MATTER WHAT U DO I CAN OUT THINK U I GOT TO
BE MUCH MORE SO THAT I CAN DRINK TEA THAT'S MADE N
CHINA THE MONEY IS FOR THE ASIGNMENT YES I'M TAKIN
PRISONERS N CAPTIVE TRAINING THEM HOW TO BILUD MY
KINGDOM UNDER THE ROC N THE MILITARY UNDER THE
NATION SO HOW U GOIN FACE US I GET A MILLION PER HOUSE
N MY NIGGA'S REST N PEACE THEY SAY IT'S R.I.P BUT IT'S JUST
THE BEGINNING OF A NEW DAY TO ME THE LORD OF THE
LAND U KNOW ME CAUSE I'M THE MOTHERFUCKIN MAN I
WILL LEAVE YO ASS NEAR THE SAND ASK U WHAT U WANT ON
YO TOMB STONE THEN HE ASK ME DO I SWIM I SAID YES BUT
ONLY ON THE PCH YO THIS IS RAY WELCOME TO MY TEAM
WE LIVE N DIE EVERYDAY THE ROC IS ON IT'S WAY THE DOOM
IS SET N PLACE THE CITY IS MY PAYBACK WHEN U NIGGA'S
AINT WITH THE NATION FUCK U WHEN U SEE A RICH NIGGA U
SAY HE THE DEVIL JUST CAUSE HE GOT TO MUCH MONEY TO
COUNT SO I JUST CHILL N BE THE FRESH PRINCE OF BEL-AIR

SCRATCH

I LOVE ME

IT'S HARD TO SAY I LOVE U WITHOUT ME CAUSE IF I DON'T
LOVE MYSELF HOW CAN I LOVE U N WHEN I REST I GOT TO BE
THE BEST N WHEN I REST I GOT TO HAVE THE WEST CAUSE
WE STILL N THE WILD WILD WEST YES ANY DAY U WANT TO
SQUARE OFF LET ME KNOW N I BE THERE CAUSE I ANIT GOIN
NO WHERE THIS MY HOME N THIS WHERE I'M BILUDING MY
EMPIRE WHILE S. LOVE BEIN THE KING OF KINGDOM'S THIS
THE STORY BOUT HOW I SIGN TO THE NATION YES CAMP RAY
WAS THE START OF MY LI THEN I STARTED WRITE'N BOOKS IN
GETIN HIGH A LIE TO A LIE THAT WILL BE JUST FINE MY LIFE IS
AH DIME I'M LOVIN GIRLS THAT'S FINE N SWEET AS WINE CAN I
TWIST HER TINE MAYBE N FEB. SOMETIME AROUND THE FIRST
OR THE FIFTEENTH GIVE ME YOUR SOUL N IT WILL BE OK WE
WILL LIVE TO SEE ANOTHER DAY N YES THIS IS YOUNG RAY
BUT U CAN CALL ME YOUNGEN CAUSE I'M SUCH A YOUNG
BLOOD TRY'N STAY CLOSE TO MY CAUSE MAKIN BIG MOVES
BUT SOMEBODY SAID OLD CRIPS NEVER SLEEP THAT'S LOVE

SCRATCH

ANOTHER LIGHTYEAR

I SPIT REAL SHIT CAUSE I DON'T GIVE A FUCK I RUN REAL
MATERIAL I GET REAL SHIT DONE N YES I GOT BIG GUNZ
THAT AH SPARK YO HOLE HOOD NIGGA I'M TO REAL TO GIVE
A FUCK BOUT THESE FAKE THE SNAKE NIGGA'S IF U NOT
BOUT YO MONEY I DON'T WANT TO HEAR IT FROM U I STAY
GETTIN SHOW MONEY CATCH ME IN THE BACK OF THE CLUB
WITH MY LADIES N MY BITCHES BUT THAT AIN'T THE REAL
FIGGA MY CAKE STACK UP LIKE NEW MONEY NIGGA THIS
AIN'T FUNNY I'M THE REALIST NIGGA U EVER HEARD I GOT
U UNDER MY SLEVE I'M THE LIFETIME SCRATCH WARRANTY
I WANT U TIL THE END OF LIFE JUST SO U CAN HEAR THE
BEAT FOR THE LAST TIME AT LEAST THAT'S WHAT I THINK SO
HEAR THE MESSAGE N YO SLEEP THE YOUNG BLOOD STUCK
N ME BUT MY SKIN KEEP REMINDIN ME OF MY NEXT DAY
I ASK GOD AM I THE LORD OF THE LAND I GOT A COUPLE
PROPS. N THE YEAR 2020 IF U ON LOCK DOWN NIGGA
WALK WITH THE ROC TALK WITH THE ROC WORK WITH THE
ROC N BUILD WITH THE ROC MY PROPS. NEVER STOP

SCRATCH

DIRTY DIRTY

I WHIP UP THE AFTERMATH N I USE IT TO ADD UP MORE
WATCH ME STACK N RISE TO MANY NIGGAS GETIN MONEY
LIKE ME SO I MADE IT FUNNY U DUES STILL LAUGH I'M
TOO BUSY GROW'N TRYIN TO FEED MY FAM SHOULD I
STAY OR LET U HAVE IT GUY I'M HUSTLER N MY BLOOD IS
YOUNG BUT I'M AH CRIP WHEN I'M ON THE EAST I KEEP
IT TO THE LEFT BUT WHEN I'M ON THE WEST I ROC IT TO
THE RIGHT THIS BLOOD N CRIP SHIT MAN I'M TO OLD FOR
THAT YOUNG SHIT I AINT YOUNG NO MORE THEY JUST
CALL ME YOUNGEN SO DON'T LOOK TO FAR CHINAMAN
I'M OUT OF SITE WHEN I'M ON THE SEEN LOOKIN AT U
THROUGH THE SCREEN I HOPE U WELL I NEVER HAD A GIRL
N MY YOUNGER DAYZ SO I FLEW SOUTH FOR MY CAMEL
TOE THAT'S DIRTY DIRTY SO U KNOW I WAS N THE SOUTH
JUST LIVIN MY LIFE HAS A LITTLE MAN WITH A BIG BOOK

SCRATCH

LOVE AT FIRST LOOK

WHEN I FIRST MEET U I NOTICE YO PRETTY GIRL SWAG U WAS
SO CUTE I WAS HOPIN TO GET TO KNOW U I ASK U HOW THEY
DO IT N THE SOUTH N THEN SHE LOOK BACK N SMILE THEN
I ASK FOR HER NUMBER I PUT HER N MY CELLPHONE I TOLD
HER I WOULD CALL HER LATER SHE SAID OK THEN HER FINE
ASS SWITCH AWAY IT MUST DA BEEN THE SOUTH STICK'N TO
THE DIRTY DIRTY I TOLD HER I FLEW HERE ON DA SOUTHWEST
LOOK'N FOR A CAMEL TOE U KNOW ME I'M THE MAN WITH
THAT WATER THAT GET U MORE DOUGH SO GO THROUGH
THE ROOF TOP CAUSE I BE THAT NIGGA WITH THE FIGHT THAT
WILL LAST ALL NIGHT WE BE MAKIN LOVE ALL THE WAY TO
THE ROOF TOP I CAN FEEL U FROM AH DISTANCE ITS LIKE U
SITTIN NEXT TO ME WITH ALL YO SUPPORT I BEEN IN TRUE
LOVE IT'S ONE FOR ALL N THAT'S ALL I KNOW FOR NOW I
CAN'T PUT TOO MUCH FLOW N THIS LOVE SONG BUT I WISH
U WAS MY ONE FOR ALL N THAT'S ALL I KNOW FOR NOW

SCRATCH

SHOW UP LATE

WHEN I WALK N THE CLUB U KNOW I'M BUSTIN DOVES U
KNOW MY WHIP MUST BE NICE N CLEAN CAUSE I BALL TO
THE THIRD DEGREE I DON'T NEED NOBODY NEXT TO ME
N LESS U KNOW WHAT THAT YEAR 2020 BE LIKE CAUSE I'M
BUSINEES FROM THE COURT TO THE CRIB MAKIN MOVES LIKE
I'M FOR THE PEOPLE NO I MAKE MOVES FOR ME N MY FAMILY
I STAY TRUE TO MY GIRL N TEXES CAUSE I'M FINE N ALL THE
GIRLS WANT ME WHEN I PUT IT ON HER SHE WANT KNOW
WHAT TO DO ALL I WANT IS YO SEXY ASS U KEEP BLOW'N
MY MINE DAY AFTER DAY I KEEP CONFUSSING MYSELF DAY
N NIGHT CAUSE I'M SO PAID I DONT GOT TO WORK I JUST
OPEN THE BOOK N COLLECT'EM MY MILLION$ ALREADY
MAID SO NOW ALL I DO IS WANT TO BE WITH U CAUSE ALL
I DREAM OF IS U N NOW I GOT U I WILL NEVER GIVE UP ON
US CAUSE U SWEET N TENDER I LOVE THE SHADE OF YO
SKIN U ALWAYS REMIND ME OF A QUEEN N I NEVER SEEN
ANYTHING BETTER CAUSE THESE BITCHES CANT TOUCH
MY DYNASTY INSIDE THE DYNASTY OF ROC NATION

SCRATCH

I BEEN THERE I DONE THAT

I BEEN AROUND THE WORLD N I CAME BACK SO WHAT IT
DO I'M STILL THAT NIGGA WITH HOT SHOWS N MORE THAT
OPEN UP ANY DOOR I DON'T THINK ITS MANY MORE THAT
CAN DO WHAT I DO N I'M SHOOT'N FOR THE STAR WISHIN
I LAND AMONG THEM I BEEN THERE ITS NOTHING NEW TO
THIS OLD CRIP SHIT NIGGA I'M A G OR MORE IN MY POCKET
SO HOW U GETTIN THROUGH WE ALL NEED IT SO WHO
U BE I'M THE LORD OF THE LAND I GET PAID ONCE EVERY
10 YEARS I BET THAT'S CAUSE I GOT U NIGGAS UNDER MY
SLEVE U WANT FORGET I'M NUMBER 1 ON THE CHART U
CAN'T TOUCH NOTHING I GET CAUSE I GOT IT ON MY ON
TWO SO WHAT THAT MEAN TO U MY LOVE FOR GOD N
PLACE SO WHATS THE PROBLEM ETHIER U WITH US OR
NOT I BEEN THERE I DONE THAT IT WAS EASY TO ME I BEEN
DRIVIN NEW CARS SINCE I BEEN 19 YEARS OLD I USE TO NOT
GET THE GIRLS NOW I AM N IT FEEL GOOD TO SAY I GOT A
BITCH N SHE AINT GOIN LEAVE ME SO THATS ALL PEOPLE

SCRATCH

I LOVE AMERICA

I'M TOO COLD TOO EVER NEED OR WANT FROM A NIGGA
ALL I GOT TO DO IS ASK JIGGA THE KING OF KINGDOM'S
HE'S MY MANZ THAT'S ALL I KNOW CAUSE JAY DO IT BIG
N THE NATION KNOW'S THE SAME YES WE OPEN UP THE
MILITARY FOR MY NIGGA'S WITH FELONY'S AN CANT GET A
JOB YO STOP HOLDIN MY PEOPLE BACK WHAT OTHER WAY
THEY GOIN FEED THERE FAMILY SO I SWEEP THEM INTO A
FIST N WENT TO WAR WITH THAT I JUST WANT TO KEEP MY
NIGGA'S ON THE GROUND I NEVER MAKE NOISE I DO IT N
SILENCE N YES I'M READY FOR ANYTHING U OFFER CAUSE
I'M YOUNG RAY STAY'N TO MY YOUNG BLOOD CAUSE THE
OLDER CRIP N ME NAME RAY BUT FOR NOW I'M STICK'N
WITH YOUNGEN I HOLD IT DOWN AMERICA WITH MY PROPS.
ON DECK I'M AT MY BEST ON THE WEST COAST I'M RIDIN
DOWN THE PCH I'M SO AMERICAN I LOVE AMERICA

SCRATCH

THE MAGIC CALL

THE MAGIC CALL ALL BEGAN WITH THE ENDIN HOW COULD
U PREDICT THE ENDIN SINCE THE BEGINNING THAT'S NOT
TRUE FOR ALL THEM MOMS THAT DIDN'T BUY ME I'M JUST
A BOOK WHY EVERYTIME A BRO TRYIN DO SOMETHING
GOOD U GOT TO TAKE HE'S BAD N MAKE IT WORST WHEN
THE ONE U THOUGHT LOVE U SAY HATEFUL SHIT TO U
WITH A BAD TONE SOMETIME I THINK IF MLK N FRIENDS
COULD HAVE WENT UP NORTH IF THEY DIDN'T LIKE THE
CONDITION OF THE SOUTH NOW ALL WE DO IS FIGHT N
KILL EACH OTHER MLK N FRIENDS THREW US BACK CAUSE
I FEEL LIKE ALL THE BLACK PEOPLE COULD HAVE SHOP AT
THE BLACK MARKET'S MY GRANDMOTHER TOLD ME STICKS
N STONES MAY BREAK YO BONES BUT WORDS WILL NEVER
HURT SO MY SWAG ABOUT THE CIVIL RIGHT MOVEMENT
IS SLOW CAUSE THE AFRO-AMERICAN LOST THE FIGHT TO
THEMSELF IT WAS BETTER WHEN BLACKS NEEDED EACH
OTHER MAN SOMETIME I THINK ABOUT IF THEY HAD BLACKS
ONLY SIGN AT THAT CAFÉ SO WHEN U SEE ME TURN THE
OTHER CHEEK IN CHILL CAUSE LIFE GOES ON N CHANGES
EVERYDAY SO FOR NOW I'M MAD CAUSE ME N THE BLACKS
COULD HAVE BEEN CLOSER THROUGH THE BLACK MARKET'S

SCRATCH

LET THE SOUL CRY

THANKS TO MY CEO I WAS ABLE TO LET MY SOUL CRY IF IT
WASN'T FROM SHAWN I MAY NOT HAVE MADE IT THIS FAR
BUT THE YEAR 2020 BEEN MY PASS LIFE I'M LOOK'N FOR THE
NEWNESS THAT TOP SELF NIGGAS THIS ME THE LEADER OF
THE DOOM N WE N THIS FOREVER LIKE CB I LET THE SOUL
CRY TRY ME IF U GOT THE TIME TO TAKE IT FROM THE INSIDE
OF THE BOOK THAT I COOK DO U LIKE THE SONGS OR THE
BOOK YES MY GIRL IS FINE SHE'S LIKE A BOTTLE OF CLASSY
WINE AT LEAST SHE WAS AH DIME N U NIGGA'S KNOW I'M
THE LITTLE BEAR SO IT AIN'T SHIT TO IT BUT TO JUST DO
IT LIKE NIKE CAUSE I'M PAID FROM THE SWOOP SIGN NOW
ASK ME IF I GET U NIGGAS I WOULD HAVE TOLD U NO I
DON'T RUN IT THAT'S A GROWN WOMAN LET IT DO WHAT
IT DO I'M ALWAYS ON THE MOVE THAT'S WHY U CAN'T
SEE ME ITS OVER I CLEAN THE DISHES N WALK THE DOG
N FLEW THE CAT SO NOW I HAVE TO LET THE SOUL CRY

SCRATCH

WE CAN'T TALK NO MORE

SOME PEOPLE WALK IT OUT SOME PEOPLE TALK IT OUT
OTHERS MAY PLAY GAMES SOME STAY THE SAME SOME
HAVE PROBLEMS EVERYBODY FIGHT BUT WE CAN'T TALK
NO MORE ITS OUT OF WHAT WE CALL LOVE N NO WE CAN'T
TALK ABOUT IT NO MORE ITS OVER FROM HERE I CAN'T
HOLD ON ANY LONGER SO LET'S GO OUR SEPARATE WAYS
I HOPE U FOUND SOMEONE TO LOVE U THE WAY I DID
CAUSE WE WERE SO GOOD FOR EACH OTHER BUT WE CAN'T
TALK NO MORE I'VE TOOK MORE THAN I CAN HANDLE SO
IT'S BEST U GO YO WAY NO WE CAN'T GET THROUGH THIS
DO WHAT U DO N I'M GOIN DO ME N YES WE CAN STILL
FUCK AS LONG AS IT FUCKIN N NOT MAKIN LOVE CAUSE I
DON'T WANT THAT NO MORE BUT U BE DROPIN THAT HEAD
LIKE NO OTHER SO I'M I MAD AT U HELL NO U WAS JUST A
BITCH I THOUGHT I LOVE NOW U KNOW I'M ON THAT REAL
SHIT EXCUSE MY SWAG BUT WE CAN'T TALK NO MORE

SCRATCH

SOMETHING U THINK

JUST CAUSE I'M 27 N RIDE A BENZ DON'T MEAN I'M GOIN
FUCK U AND YOFRIEND I CAN BE THE TYPE TO CHILL NOT TO
QUICK TO BE ALL N YO JEANS CAUSE I GOT A GIRLFRIEND N
I'M NOT THE GUY TO BE PLAYED AIN'T NO GAMES N LESS I
RUN'EM CAUSE I'M SO NICE'ER THEN THESE OTHER DUE'S NEW
SHOES NEW FIT WITH THE FITTED TO MATCH NIGGA HOLD
ME BACK I'M N THIS WORLD THINKIN I'M THE LEADER OF THE
DOOM N MY WATCH IS TO THE TEER N THE LOVE ONE NEAR
I HOPE THEY CAN HEAR THE MESSAGE N THE FLOW THAT I
SPIT I'M A BALL OF DOUGH I START THE DANCE N SHE FINSH
IT CAUSE I BE ON A MOVE ON THE DANCE FLOOR THAT'S
JUST ME ON MY DOUBLE STACK LET ME PULL MY MANZ UP
THE NATION SIT'N ON RACKS THAT ROLL I LIKE THE DAY WE
STEP N RAY WAY ITS JUST ME ON MY WAY TO DO SOMETHING
U THINK I'M ON MY WAY TO THE CLUB N THE BACK OF THE
LIMO COMIN FROM MY OWN CONCERT FEELIN GOOD

SCRATCH

BAPTIZE BY MY UNCLE

YES I'M JUST A YOUNG BLOOD THAT'S WHY JAY BAPTIZE THE
CRIP N ME N MADE ME AH BLOOD I SAID I'LL RUN IT FROM
THE INSIDE OUT WERE THE HEART LAYS CAUSE I WANT TO
BE THE BEST HUSTLER N THE CUSTOMER EYE PLEASE TRUST
N ME I MIGHT GOT MILLION$ BUT I WILL STILL SALE AH CRIP
TO AH BLOOD N CALL THE SALE THE EGG TO SHELL LOVE
OR MAYBE U WILL STAY AROUND N YOAK A COUPLE MORE
CHILDERN SHE WAS A GOOD BITCH N YES POPA I'M TALKIN
BOUT NIGGA'S LIKE U CAUSE U HIT N RUN NO INSURANCE
ON YOUR ASS MAN I BE SO GLAD WHEN I CAN HAVE MY
OWN LITTLE ONES LOVE'EM FROM THE BOTTOM OF MY
HEART N MY SON WILL INHERIT ALL MY BUSINESS FROM
THE DETROIT TIGERS TO THE DETROIT PISTONS LITTLE MAN
WITH A BIG BOOK IS COMIN MY ARENA IS COMIN THANKS
TO ME I'LL CALL IT THE **GENERAL MOTOR ARENA** THAT
WAS N MY REALISTIC DREAMS MY MOON SHINE BRIGHT N
JUNE ALL THE GIRLS R HOT N READY FOR COCK N THERE WET
PUSSY N SHE SO SEXY DO I WET HER OR DO SHE WET ME

SCRATCH

THE ROC

WHEN I FIRST CAME N THE GAME I WAS ONE STEP AHEAD OF
U OTHER NIGGAS I WAS BUSY BEIN THE POET OF MY FIRST
BOOK BEFORE I TOUCH THE RAP GAME I WAS GETIN MONEY
WITH MY BOOK REV. THEN I USE MY FIRST REV. TO PRODUCE
MY SECOND REV. SO NOW DAYS ITS DID U HEAR IT OR DID
U READ IT THAT DON'T MATTER TO ME CAUSE I STAY ON
TOP OF MY GAME N NOBODY CAN BRING ME DOWN I'M A
WHOLE NEW TYPE OF MAN I PUT THE R N RENAISSANCE MAN
N THE G N GANGSTER I'M FROM THE BLACK BUILDING ALL
I DO IS GET PAPER MY INK NEVER RUN OUT CAUSE I WRITE
STRAIGHT FROM THE HEART SO I HOPE IT HURT WHEN I SAY
I'M THE LORD OF THE LAND N THE PRISONERS ARE UNDER
CAPTIVITY YES I KNEW ONCE I GOT IT STARTED NO MAN
COULD STOP ME I'M THE LORD N THE NATION IS MINE SO LET
THE KINGDOM'S BE BUILT FROM THE HANDS OF PRISONER'S N
THE UNITED STATES OF AMERICA THIS IS HOW I SEE IT N THIS
IS HOW IT WILL BE DONE CAUSE I'M THE ROC N I SAID SO

SCRATCH

YO SOLIDER BO

I'M ONE TO BE THERE CAUSE I KEEP A TEAM OF SOLDIER YES
I'M YO BO THE LORD OF THE LAND ME N MY TEAM STAY SUPER
READY N WE RUNNING IT CAUSE I WAS ONLY AH YOUNG
BLOOD WHEN I STARTED THIS SHIT BUT YOU CAN CALL ME
CAMP RAY NOW OR LATER CAUSE I BEEN HIM SINCE 2008 I
WALK THROUGH THE WHITE HOUSE IT'S NO PLACE I WANT
TO BE TO MANY HIDDEN CAMERA FOR ME TO SLEEP MAYBE
ONE DAY I CAN WALK BOWE CAUSE I BE THAT DOG U CALL
YOUNGEN I STILL GOT MANY THINGS TO SEE MANY PLACES
TO BE LOTS OF HO'S TO MEET SO DO U N I'M AH DO ME N
MAYBE WE CAN KEEP PEACE N LESS U WANT TO REST N IT
I'M BOUT GIVIN RESPECT TO THE ONES WHO MADE IT ON
THESE STREETS THE STREETS ARE GETTIN MORE DANGEROUS
EVERYDAY SO I CARE BOUT THE WELLBEIN OF AH FELON
OR PRISONER ONE CAUSE I FOUND THE MILITARY FOR THE
FELONS THAT CANT GET A JOB TO LIVE A RESPECTFUL LIFE
FOR ONCE I FOUND THE KEY TO LEAD THE PRISONERS TO
DAYLIGHT SO U CAN ROLE ON THAT CAUSE I'M YO SOLIDER BO

SCRATCH

ALBUM FOUR

TWO FOR ME TWO FOR U

THE WAY I ROLL ITS GOT TO BE TWO FOR ME TWO FOR U
WHEN I'M N MY RIDE TWO FOR ME TWO FOR U I GOT TO BE
THE FRESHES N MY CREW IT'S JUST N MY SWAG OR MAYBE U
AGAINST MY SWAG SO WE CAN DO THIS HOWEVER U WANT
IT I'M SO G I WALK WITH A SWAG NIGGA I TALK WITH A SWAG
HOMIE I AM THE SWAG SO BLESSIN TO THE SWAG NATION
MY BOSS HOLD DOWN ANYTHING THAT'S MY GOD CAUSE
HE FROM BROOKLYN NEW YORK SO WHAT UP GOD LIKE MY
MANZ SAY FROM BROOKLYN THANKS GOD FROM PUT'N
BROOKLYN BACK ON THE MAP BUT THIS IS YOUNG RAY N
MY FAITH TELLS ME I'M GOIN BRING THE BAD BOY BACK TO
DETROIT SIT'N RIGHT BESIDE JOE D I'M THE BAD BOY NOW
ALL THE DETROIT HO'S BE HOLD'N ON MY SWAG WHAT DO
I SAY I'M STILL THE GEEK N YES WHEN I'M N THE CLUB THAT
BITCH STAY CRUMP N ALL I WANT IS TWO FOR ME TWO FOR
U N WE ALL CAME THROUGH YES THE NATION IS UNDER
CONTROL I RUN THAT BITCH WE GOT HELL N AH SACK

SCRATCH

I BEEN N THE GAME

YO I BEEN ON MY GAME SINCE THE DAY OF ADAM N EVE I
WILL NEVER LEAVE CAUSE MY VOICE TELL ME I'M THE ONE
N I WANT STOP BEIN THE ONE CAUSE THE OLD CRIP N ME IS
DALE BUT I TELL U LATER BOUT MY MISSION AFTER DEATH
I'M FROM THE BOTTOM SO THERES ONLY ONE WAY TO GO N
THAT'S UP SO LET ME DO ME N U DO U WE GOIN KEEP IT REAL
BASIC I'M A MAN WITH VERY FEW WORDS CAUSE I'M ALWAYS
WRITTEN THAT'S THE WAY I GET THROUGH MY STEEL STAY
N THE OVEN CAUSE I BAKE U NIGGA'S LIKE CAKE U NIGGA'S
ARE LATE N OUT OF PLACE I HATE PEOPLE THAT DO THINGS
N SAY ITS CAUSE I'M BLACK I WISH WE COULD GIVE THE CIVIL
RIGHT MOVEMENT BACK CAUSE WE COULD BE RUNNIN OUR
ON MARKET BY NOW CAUSE IF THEY DON'T WANT U WHAT
OTHER CHOICE WOULD WE HAVE EXCEPT BUILD'N OUR
ON STORY'S N CAFÉ WITH THE BLACKS ONLY SIGN N THE
WINDOW THIS IS HOW I SEE IT CAUSE I BEEN N THE GAME

SCRATCH

MONEY RESPECT POWER

GREEN IS THE ONLY FRUITAGE I NEED I THINK THAT'S WHY I
LOVE CALI EVERY SINCE I SIGN TO THE ROC LIFE COULDN'T
BE BETTER HOVA MY UNCLE I'M ONLY 27 N ALREADY HIT
THE BIG SHOWTIME POPIN OFF GOOD GREEN LIVIN IN
WOOD BEAM MAN THAT'S LIGHT TO ME I'M ALL BOUT MY
MUSCLE ITS BEEN TO LONG SO NOW I GOT TO FUCK U UP
I GUESS U DIDN'T HERE ME ETHIER MOVE OR BE MOVE
CAUSE IF U DON'T GOT MONEY U GET NO RESPECT N IF U
AINT GET'N RESPECT THEN U HAVE NO POWER THAT'S JUST
THE WAY THINGS GO ROUND I BE A MEN ON TOP OF THE
WORLD EVERYDAY I GET CLOSER TO RAY DAY BY DAY N ITS
MY DAY N NIGHT CAUSE I'M BRINGING THE BAD BOYS BACK
TO DETROIT WHY U THINK I WENT TO A JC CAUSE I WANT
TO START FROM THE BOTTOM N WORK MY WAY UP I GOT
BIG PISTONS DREAMS BUT I STARTED COACH'N NOW THEY
CALL ME MARCUS THE VOLUNTEER CAUSE I'M AH B-BALLER
COACH FROM JC TO THE NCAA THEN ON TO THE NBA

SCRATCH

THE HUSTLER

SO WHAT U WANT TO DO NIGGA'S I GOT MY OWN MILITARY
AND THE WORLD OF KINGDOM'S I STILL GOT PLENTY MORE
TO DO GIVE ME MY PROPS OR FOREVER HOLD YOUR PEACE
THIS RAP SHIT IS JUST MEANS OF GETTIN MORE I WANT STOP
BUILDING NOT EVEN AFTER DEATH CAUSE I MAKE MOVES LIKE
MOVA TO THE LAND OF THE UNITED STATES OF AMERICA MY
NAME IS ALMIGHTY DALE I TOLD U I HOLD DOWN MY OWN
MILITARY AND THE PRISIONER OF THE UNITED STATES OF
AMERICA ARE UNDER CAPTIVE THEY WILL BE PAID SO DON'T
WORRY I WONDER HOW LONG WILL THE CAPTIVITY LAST IF
THE FATHER'S N PRISION SEEN MONEY FOR CHILD SUPPORT
TO MOTHER N CHILDREN SO HOW LONG WILL THEY LET
JAY-Z N YOUNG RAY HAVE THERE WAY WITH THE KINGDOM'S
FROM STATE TO STATE WE THE LAW SO GET DOWN OR
STAY DOWN WE TOLD U WE RUNNING OUR OWN MILITARY
UNDER THE NATION THE GOVERNMENT IS UNDER MY SLEEVE
MY PEOPLE PLEASE KNOW I'M THE LEADER OF THE DOOM
AND THE LORD OF THE LANDS I STAND BY MY TEAM N THE
NATION DOUBLE AR THAT STANDS FOR AGGRESSIVE RECORD

SCRATCH

YOU IN THE SEAT LETS GO

I'M GOIN OFF THEM HUNS I GOT MONEY I'M READY FOR IT I
COLLECT MORE I'M SO READY FOR THE BLOCK TO KNOW I'M
SOONER THEN LATER THE CITY IS WAITIN I'M ON THE REPLAY
SONG ITS GOT TO BE THE TOPPER RAPPER MY TEAM STAY ON
LOCK I GOT TEAM EVERYWHERE I PROMISE THE NATION WILL
SOON BE HERE ITS MY NIGGA'S WITH AH FELONY CAN'T GET A
JOB SO HE GUNNING ME FOR NOTHING HE JUST ANGER CAUSE
HE DON'T GOT NO MONEY THAT'S WHY I'M ON MY WAY TO
GIVE AH FELON A SECOND CHANCE TO PROOF HIS WORK N
GET DOUGH IN PULL HO'S MY MILITARY IS SO CERTIFIED WE
GOT YO BACK JUST REMEMBER THE COMMANDMENTS ONE
WORK TWO SLEEP THREE EAT FOUR FUCK FIVE DO IT AGAIN
NOW THESE ARE YO COMMANDMENT EITHER FOLLOW THEM
OR FOREVER HOLD YO PEACE CAUSE I'M THE LEADER OF THE
DOOM SO TRY ME I'M GOIN HAVE YO ASS HOOK TO THE BET

SCRATCH

SPREEZ N BREEZ

I'M SO GONE OUT THIS WORLD I'M WITH YO GIRL SO WHEN
I GET MY TORJAN ON I'M OUT LIKE HOVA I'M THAT NIGGA I
TOLD U I MITE BE TOO BUSY ON THE MIC SO I DON'T HAVE
TIME FOR U AND YO SHIT KEEP IT MOVIN LIKE THE DETROIT
PEOPLE MOVER SO NOW I GO ROUND N ROUND N I KEEP
PUSHIN POUNDS THAT TOUCH THE GROUND MY MONEY N
STYLE IS PLUS MY DOUGH STACK N I'M THE BAKER SO TRUE TO
MY BLUE CAUSE I'M YO COUSIN MY MISSION IS JUST GETTIN
STARTED I GUESS U CAN CALL ME NUMBER ONE YES I HANDLE
ALL MY BUSINESS SO GET DOWN OR STAY DOWN CAUSE I'M
THAT G MY TIME IS BEIN WASTED WITH U SO I MOVED ON IN
FOUND ME ANOTHER GIRL N MADE HER SMILE N WE HAVE
SO MUCH FUN TOGETHER NOW SHE'S MY BABY LET ME HIT IT
OFF WE ROCK ALL NIGHT TIL THERE'S NO STOP U ARE MINE N
I'M NOT GOIN LET ANYTHING CHANGE U MY SPREEZ N BREEZ

SCRATCH

I'M OFF THAT HIT'EM HEAVY

WHEN I MOVE AH NIGGA GOTTA GET THROUGH U CAN KEEP
THE STYLE BABYBOO MY M.O IS HUSTLE LIVE OR DIE TRYIN
WHEN I R.I.P THEN U WILL SEE THE BEST N ME CAUSE I'M THE
LORD OF THE LAND I GOT A MILITARY MAN I KEEP MY LOCK
ARMOR STILL AIN'T SEEN DAYLIGHT BUT THE ROLE IS EVEN
BETTER I START OFF CLEAN END UP SWEET CAUSE NOW I GOT
MY LADY N U CAN'T HOLD HER DOWN I BEEN THROUGH 6
ROUND EACH ROUND I BATTLE CAUSE THE YOUNG BLOOD
N ME TOLD THE OLD CRIP STAY ON YO FEET CAUSE U GOTTA
LIVE OR DIE IN WHEN U DEAD U GET YO BEST REST BUT U
GOT TO LIVE LIFE FOR EACH DAY WHEN U HEAR ON EARTH
THAT'S IF U WANT TO SLEEP TIGHT I'M THE FUCKIN YOUNG
BLOOD N THIS BITCH N I AIN'T GOT NO WORRIES CAUSE I'M
GOIN BE THE OLD RICH CRIP NAME RAY OWNER AND HEAD
COACH OF THE DETROIT PISTONS NOW WE BACK N DETROIT
DID U SAY BAD BOYS BACK N DETROIT YES AT THE GM ARENA
I STAND TALL BY MYSELF N STRONG WITH THE NATION

SCRATCH

THE OLD AVE.

I'M TO HIGH TO GET PUT DOWN I KEEP SIX POUNDS THAT'S
HOW MUCH IS N MY POCKET GUESS HOW MUCH I GOT N
THE BANK TO THE DAY I DIE I'M GOIN SHINE LIKE NO OTHER I
KEEP MY MINE ON THE NEXT MOVE CAUSE I'M THE MOVA THE
PEOPLE MOVER I SLIDE THROUGH WITH THE MONEY I EARN N
CAN'T NOBODY TOUCH THE DYNASTY INSIDE THE DYNASTY
OF ROC NATION I'M ARMOR N READY FOR WAR I GOT ENOUGH
AR TO LIGHT UP THE CITY CAUSE THAT'S HOW I DO IT WHEN
I DO IT FOR THE CITY IT'S LIKE N OTHER I REALLY THANK MY
MOTHER I'M THE CHAMP TO BET MY ONE TWO GOIN KNOCK
U OUT N U CANT STOP ME CAUSE I RUN THE LAND THANKS
TO SHAWN I SEE A BETTER DAY N THE DAYLIGHT I ROLE ON
THOSE CAUSE THE PATH TO MY GANGSTER IS TO DEEP TO
SEA IT'S THE PAIN TO MY HAPPINESS CAUSE I'M A CHAMP
JUST WON ANOTHER ONE CAN I BE BET ON THE OLD AVE.

SCRATCH

YES I'M THE BEST

ITS BEEN ME FROM THE BOTTOM OF THE ROC TO THE TOP
OF THE NATION HOW U THINK I GOT N THIS BITCH FOR ONE
I'M GOIN GET THE JOB DONE TWO I WORK 24/7 I NEVER GET
A BRAKE N LEASE I WAS PUT'N THEM ON MY TRUCK LOOK AT
ME NOW I BEEN THE BEST SINCE YOUNG RAY SO I BE ON MY
WAY TO COACH PA I REMEMBER PLAYING B-BALL OUTBACK
WITH AUNT SUGG I USE TO BE THE BABY NOW SHES MY BABY
THEY SAY U LIVE ONCE A MAN TWICE A BABE N I SAY I'M
LOVIN IT CAUSE I'M YOUNG BLOOD N I STILL HAVE A LOT TO
DO THIS MONEY DON'T MAKE ME I MAKE IT I'M ON STAGE
THROW'N UP MY SET DIGGIN N THE GROOVE LIKE HOOVER
52 THAT'S MY POPA CLICK I'M AH GD WAIT'N FOR THE SIX
STAR LOOKIN OUT MY WINDOW ASKIN WHEN U GOIN COME
GOD SO I CAN BE THE BEST N NOTHING LESS I WOULD PUT U
NIGGAS TO REST WITH MY NINE NOW THEY SAY I'M THE BEST

SCRATCH

NO RELAXATION

I GIVE NO AIR TO BEEF LET THAT SHIT STAY ON THE GROUND
I'M JUST TO BREEZY LIKE LOOK AT ME I GOT A COUPLE SKEEZY
SO AINT NO NEEDZY MY POCKET STAY CREAMY WITH THE
GIRLS CUM N THEY KEEP IT CUMIN THEY ALWAYS WANT MORE
I GOT TO TELL THEM NO CAUSE THESE BITCHES CAN BUG
BUT MY BITCH IS ALWAYS ON TIME YES I'M MOVA BUT DON'T
LET THAT MOVE U I'M THROW'N UP MY SET ON STAGE WILL
THE SIX STAR HOLD DOWN THE LORD OF THE LAND N THE
WAY I MOVE EVERY DECADE ITS JUST THE GRAVITY N MY JET
LOOK I'M SCHOOLING N COACHING U CAN CALL ME MARCUS
THE VOLUNTEER CAUSE I'M ON THE B-BALL TEAM HOLDIN
DOWN THE OFFENSE WHEN I'M ON CAMPUS I GOT THINGS
COVER SO JUST RELAX INSIDE THE RELAXATION OF THE ROC
NATION I TOLD U I'M THE LEADER OF THE DOOM SO PEOPLE
NEVER ASK ME QUESTION I JUST KEEP IT ROLL'N N MY CAR
THAT'S MORE THEN A HOUSE SO RELAX I GOT U COUSIN

SCRATCH

I'M READY TO PUFF PUFF PASS

I'M JUST AH HIT FROM THE LIGHT POLE OFF THIS FUCKIN
EARTH SO DID U GET MY DIGITS I'M RUNNER OF MY KIND SO I
BE THE KIND OF GUY THAT LIKE THE WOMEN FOR DIFFERENT
REASON CAUSE I BE THE NIGGA THAT HANDLE BUSINESS
FROM THE RIP AINT NO R.I.P N ME I'M TO MOTHERFUCK'N
BUSY TO GIVE A FUCK BOUT ALL THAT DUMB SHIT GET IT
OUT OF HERE U CAN HEAR ME FROM A TEAR I'M SO DEAR
N WHEN EVER U NEED ME I'LL BE NEAR I'M ALWAYS ROC'N
GEAR ITS JUST MY WAY OF EXPRESSIN MY FEELIN SOON I
WILL BE ON TOP OF THE UNITED STATES OF AMERICA N YES
I'M SO AMERICAN I STAY CLOSE TO THE GANGSTER ON THE
STREET MY WORD IS BORN I'M THE LEADER OF THE DOOM
CAUSE I FEEL FOR MY NIGGA'S THAT CANT GET AH JOB CAUSE
HE'S A FELON SO I OPEN UP THE NATION FOR THAT REASON
A WAR IS NO PLACE FOR THE BRAVE HEART IT SHOULD BE
USED TO SWEEP UP THE STREET I'M OUT REST N PEACE

SCRATCH

MY MONEY TALKS

WHEN I SAY MY MONEY TALKS IT'S NOT MADE FOR YO LIKE'N
BUT ITS ME AGAINST THE WORLD I'M A SOLO CRIP ON STEADY
ROC N I WANT STOP TIL THIS BITCH IS OVER I'M LIKE NO
OTHER RAPPER I STARTED OFF SALE'N CANDY AND COOKIES
THAT'S WAS THEN NOW I'M TOP OF THE CHARTS N NOBODY
CAN HOLD ME DOWN IF U LIKE ME U MIGHT BE YO OWN
BOSS BUT THE PEOPLE PAY THE COST I'M LOCKED N MY SOUL
LIKE A NEW BORN BABY I'M NICE WITH THE FLOW N I STAY
CONSISTENT YO THE TIME HAS COME FOR U TO BE FORGIVIN
OF YO SINS SO COME N U LIVE BY THE LAW U DIE BY THE LAW
ONCE U GONE YO LOVE ONES WILL BE COUNTIN ON U ITS JUST
THE BET TO THE FLOW SO I BEEN N THIS SO LONG U CAN CALL
ME FLOW JOE CAUSE MY MUSIC IS DEEP LIKE THE BLUE SEA MY
PLAN IS TO RULE THE LAND WITH MY BARE HANDS MY MONEY
TALKS SO WHEN U HEAR IT LISTEN U MIGHT GET SOME WHERE

SCRATCH

SLIDE N WITH THAT FISH OUT PIN

I'M THE OWNER OF THIS FISH OUT PIN I GOT TIME SO WHAT
IT DO NIGGA BRING YO HOLE TEAM CAUSE THE NATION STAY
READY N THERES NO OTHER WAY AROUND IT U MUST PAST
ME TO GET TO THE NEXT LEVEL N I STAND TALL ALONG N
STRONG TOGETHER I'M THE LEADER OF THE DOOM ITS BEEN
THAT WAY EVERYSINCE YEAR 2020 MY GUNZ WILL STICK TO
U LIKE NO OTHER GUN CAUSE I'M THE DICTATOR WHEN I
OPEN THE GATES OF HELL N PUT SOME OF THESE DEMONS
TO WORK I ALWAYS WONDER HOW LONG CAN I KEEP THE
GATES OF HELL OPEN FOR CAPTIVITY I TOLD U N MY LAST
FLOW I MAKE MOVES EVERY DECADE ONE MILLION TWO
MILLION N THEN I GET MORE I'M STEP'N OUT THE DOOR I'M
THAT YOUNG 64 I LIKE TO SAY I'M THAT EVIL DOG BUT THAT
BE ME N NO ONE ELSE U SEE CAN DO WHAT I DO N DO IT
HOW I DID IT I'M SO BLESS MY NEXT MOVE IS AT YO CHEST
SO I CAN MAKE U BREATH THE ROC N SEE THE NATION

SCRATCH

THE NATION

I'M OUT LATE LOOK'N UP AT THE STARS ABOVE WONDERING
WITCH ONE OF THEM THE 6TH STAR CAUSE THAT'S THE STAR
I'M FROM THAT'S WHY EVERYTIME I'M AT THE SHOW I'M
THROW'N UP MY SET ITS HOT CAUSE I'M WITH JAY-Z CAUSE
HE THE G N GD N I'M THE D N IT YES I KEEP MY EYE ON THE
YEAR 2020 CAUSE THATS WHEN THE LAW IS N THE SYSTEM
OF THE PRISONS I WORK THEM NIGGAS LIKE I KNEW THEM
WAY BACK MAN S.CARTER GOIN LOVE WHAT I BROUGHT
TO THE ROC I'M SO SWEET I'M NOT DONE YET I STILL GOT
A TEAM DEEPER THEN YOURS N THAT'S FOR SURE CAUSE
I GOT CONNECTION ALL OVER THE USA AIRWAY I TOLD U
NIGGAS I'M THE LEADER OF THE DOOM SO LET MY MILITARY
LIVE ON FAR AFTER MY DEATH CAUSE MY SOUL LIVES ON
THROUGH YOUR HEART I'M THE LEADER OF THE DOOM MY
WORK WILL BE PASS ON FROM GENERATION TO GENERATION
N YES THE PRISIONERS ARE STILL ON THEY COME UP AFTER
I'M GONE U'LL SEE MY WORK EVERY DECADE STACK ONE
AFTER THE OTHER AFTER THE YEAR 2020 U CAN CALL ME
THE LORD OF THE LANDS N I'M OUT ON THAT NOTE

SCRATCH

ALBUM FIVE

COACH PA

I PUSH ANYTHING I GET MONEY BUT IT AIN'T SHIT TO THE
POWER CAUSE I BEEN RUNNING THIS SINCE A YOUNG AGE U
KNOW I GET RESPECT FROM THE GANGSTER ON THE STREET
I'M TOO BUSY DOIN ME WOULD U EVER BELIEVE I'M COACH PA
I'M ON MY WAY STRAIGHT TO THE HALL OF FAME YES I BEEN
ON MY TEMPO WHY U THINK I ROC THESE NIKE'S ON MY FEET
I STAY ON MY GRIND I'M A HUSTLER OUT MY MIND WINNING
IS MY ONLY GOAL I'M A LEGEND N THE GAME U KNOW ME
I'M RAINMAN RAY FROM DETROIT SO MAKE SOME NOSIE
FOR THE BETTER MC CAUSE I BATTLE FROM THE BOTTOM
TO THE TOP U CAN CALL ME THE TOPPER ROPPER NOW THE
QUESTION LIES N IT CAN I BET MIKE FROM THE SIDELINE HAS
A BAD BOY FROM THE DETROIT PISTONS STICK AROUND LIKE
JOE D CAUSE MY POWER IS USED TO RUN THE TEMPO FROM
THE SIDELINE THIS EARTHLIN THING IS SO BASIC U GOT TO BE
THE SUN TO BE THE NUMBER FOUR THANKS FOR THE TIME IT
TOOK ME TO GET HERE NOW I'M A CHAMPIONSHIP COACH

SCRATCH

I DO WHATEVER

IT REALLY DON'T MATTER HOW BIG THE WEIGHT IS I'M STEADY
PUSHIN IT I GOT COKE ON THE STREET N I AINT TALK'N BOUT
SODA BUT I WILL ALWAYS OWN COKE-COLA I'M ON THE 10
FREEWAY SO SOON I BE N THE SPOTLIGHT OF FAME I'M SO
FAMOUS SIR I'M YO MR. FAMOUS SIR SO COME DIRECT TO
COLLECT WHAT U OWN CAUSE I'M STAND'N TALL NEXT TO
A GIANT U CAN CALL ME THE LORD OF THE LAND CAUSE
I RUN'N IT FROM THE BOTTOM TO THE TOP U HEARD ME I
DO WHATEVER N IT WANT STOP NOW JUST GO FOR THE GO
N STAY UP MY NIGGA'S I'LL BE HERE SOON CAUSE I BRING
THE HOUSE DOWN LIV'N ALL GOOD I CAN'T ASK FOR MUCH
MORE U GOT TO BE N THE POCKET TO GET THE MESSAGE
I'M MARCUS THE ONE CAUSE OF ALL THE GRAMMY'S I DONE
WIN HOW LONG MY TRACK'S BEEN ON TOP OF THE CHARTS
MAN I DO WHATEVER N KEEP ON MAK'N MILLIONS SO HOW
U GET'N IT DONE SON U BEEN SIT'N THAT WAY FOR A WHILE
NOW STAY DOWN OR GET DOWN WITH THE NATION

SCRATCH

DEAL AH DOLLAR

I'M TOO READY FOR ANYTHING HEAVY I GOT A SEMI
AUTOMATIC N THE PISTONS R N THE CITY OF DETROIT
AGAIN THEY GET'N BACK TO BEIN THE BAD BOYS OF
DETROIT THAT'S WHERE I BECOME THE HEAD COACH
AFTER ALL THE STEPS IT TOOK ME TO GET THERE I'M A
CHAMPION THAT'S N MY RECORD I BEEN A WINNER UNDER
PRESSURE THE GRASS IS NOW ON FIRE N WE'RE N HELL THE
DEVIL'S PET IS ON ITS WAY IT WANT BE STOP CAUSE I'M A
MEMBER OF THE NATION I'M THE LEADER OF DOOM SO
ASUME TO THE FELONY MY MILITARY GOT THEM UNDER
CAPTIVE I'M THE HNIC OF THIS RAP SHIT I FLIP BARS LIKE
ITS CANDY ON A BRIGHT DAY SO I GUESS I'M THE MAN I
BE ALL ABOUT MY MOOLA SO IF U ON SOME OTHER SHIT
GET OFF MY LAND CAUSE I'M THE LORD OF IT N I'M BACK
HOME N ALL THE GIRLS LOVE ME NOW SO LET ME GET
BACK TO THE GAME WERE THEY KNOW ME AS COACH PA

SCRATCH

PULLY PULLY

I'M A PULLY PULLY LEAD MAN I AIN'T THE ONE TO BE CRUSH
TO MANY TIMES I GOT TO GET UP N SMELL THE MORNING
DEW N BE ON MY NEXT MOVE TO GET TO THE GOLD WERE
I'M SO SET N COMFORTABLE THAT'S THE ONLY THING I
WORRY BOUT CAUSE I'M SO GANGSTER I CAN BRING PLENTY
OF GIRLS TO THE PARTY WERE EVERYBODY LOOK'N FOR
SOME BITCHES TO TAKE HOME N GET N THEM PANTIES
N BET THE BET UP SO STAY TRUE TO YOSELF N THE REST
WILL HANDLE ITSELF THE HO'S JUST WANT TO MAKE U
HAPPY SO KEEP YO HEAD UP N OUT THESE STREETS THEY
NOTHING TO PLAY WITH THIS AIN'T NO GAME THIS ABOUT
YO MOTHERFUCK'N LIFE NIGGAS SO STOP TRY'N BE THE
DICK N A PUSSY SITUATION LET THESE HOES GO ABOUT
THEY WAY CAUSE SHE WILL BE GET'N FUCK BY SOMEBODY
NEW EVERY WEEKEND SO FUCK THESE HOE'S I GOT TO
STAY ON MY CA$H FLOW CAUSE I FLOW CA$H U KNOW ME
I'M THE BEAST OF THE EAST THEY CALL ME THE BIG E

SCRATCH

MARCUS THE MESSENGER

I'M SITTIN N A CHEVY TRUCK I'M ALWAYS SHOWIN UP WITH MY
HOMIES HOPE'N U GET THE MESSAGE CAUSE I DON'T WANT
TO BE THE NIGGA TO HAND IT TO U MY CREW IS SO GANGSTER
THEY WILL DO IT FOR ME I'M GANGSTER FROM THE TOP OF MY
FITTED TO THE BOTTOM OF MY NIKE'S U R NOTHING LIKE ME I
HOLD DOWN THE SPOT I'M PUSHIN 2KEYS A DAY SO MY CASH
FLOW IS CRAZY OUT THIS WORLD I BUY WHATEVER I WANT
MY CHECKS COME ON THE 1ST N 15TH WHEN I GET THAT MONEY
I'M GOIN STRAIGHT TO THE BANK N THEN TO THE MALL FOR
I CAN GET MO GEAR THAT BRING DOWN THE HOUSE IT'S ME
DOIN ME I TOLD U I'M ONE OF A KIND WOMAN I'LL BLOW
YO MIND I GOTTA STEADY FLOW MY VERSE'S HURT CAUSE
U CAN'T BE ME I'M BEEN THE LORD OF THE LAND EVERY
SINCE THE YEAR 2020 THAT'S WHEN I LIGHT UP THE STAGE
N THROW MY SET UP LIKE BRING THE 6TH STAR TO ME CAUSE
U SO DEEP N MY HEART EVERYTIME I LOOK UP U HOLD'N
ME DOWN I COULD NEVER DISRESPECT YOUR COMING
WHILE MY NAME IS MARCUS HOPE U GET THE MESSAGE

SCRATCH

I'M AH CANDY HUSTLER

I'M RESTATION OF THE GAME SO AIN'T NO NEED TO EVER
SO/SO MY NAME I DROP WHEN NEEDED JUST TO KEEP RAP
FEN BASE I DON'T NEED RAP FAN BASE I'M JUST ORDER MAN
SO DO WHAT I SAY JUST FALLIN THE FALL IS WHEN U FEELIN
IN I BEEN EATIN EVERY SINCE HOMIES WHATS INFLUENCE
BRO I'M INFLUENCING SO CHILL WITH ALL THAT HATE MAIL
U KNOW I ADJUST WELL I BEEN THERE I DONE THAT I HIT
SOIL I BE RIGHT BACK IT MIGHT BE TONIGHT IT MIGHT BE
TODAY BUT U CAN REST FOR SURE IT AH BE HAPPENING
I'M THE CANDYMAN I DEFINE WHAT AH HUSTLER IS THAT'S
WHAT I DID TO GET IN THE GAME NOW I'M HERE N I WANT
GO NOWHERE FOR A WHILE I'M SLEEP GET BACK AT ME
LATER IN I'M OUT THE HAT SO LET ME DO THE CAT IN THE
HAT DANCE IN POUR OUT A LITTLE DRINK FOR THEM ONES
THATS R.I.P BUT THE TRUTH IS THEY SLEEP WAITIN FOR THE
DAY MY SONG BRING'EM OUT THE SHADOW OF DEATH BY
THAT TIME I WOULD HAVE BEEN THE CITY TOP GANGSTER

SCRATCH

PLAYER PLAYER

I'M SO INTUNE WITH MY DELIGHT N MY INVITE TO ANY CLUB
POPPIN I'M ON MY P STATUS ITS SO GREAT N I NEVER STEP
ON ROCKS I USE TO PICK THEM UP N MAKE STEADY ROC
OUT OF THEM I'M THE PLAYER PLAYER N THESE BITCHES
ON MY DICK EVEN THO I MIGHT NOT BE THE ONLY PLAYER
PLAYER N THIS BITCH BUT U HO'S CAN KEEP ON SUCK'N MY
DICK CAUSE NOBODY GET THESE NIKE CHECKS LIKE ME BUT
I GOT LOVE FOR MY NIGGAS THAT GETIN MONEY THE NINE
TO FIVE WAY YES I STILL DON'T GIVE A FUCK BOUT ALL THAT
BULLSHIT U HO'S BE TALKIN BOUT I'M MONEY POWER N
RESPECT CAUSE I HOLD DOWN THE CITY ON SOME MILITARY
POWER SO LET US PRAY N CALL OUR MILITARY THE NATION
NIGGA'S I'M THE LEADER OF THE DOOM I TOLD U I SET THIS
UP FOR THE MAN THAT CANT GET A JOB CAUSE HE GOT A
FELONY N HAS NO WAY TO GET MONEY EXCEPT THE CRIMINAL
WAY SO I OPEN MY GATES OF HONOR TO THE SOLIDER OF
THE NATION CAUSE I DID IT FOR THE POWER N THE GAMES
TEMPO IS MINE WHY U THINK THEY CALL ME COACH P

SCRATCH

COME IN U LIVE BY THE LAW

I WAS ONLY 12 WHEN I PULL MY FIRST TRIGGA SO WHAT
U WANT TO DO NIGGA 27 NOW I GOT A LOT OF CRAP
I STACKALOT OF ROCK SO U CAN SHINE IN THE HEAVY
HAVEN IN BRING'EM ON IN CAUSE WE GOIN FIRE TONIGHT
U NIGGA MAY GO SUICIDAL TONIGHT CAUSE I'M THE MAN
IF U SAY I'M A GANGSTER BUT I TALK ABOUT A WHITE BOY
WHO PLAY WITH TOYS IN NEVER MAKE NOSIE BUT HE LIKES
TO HAVE PLENTY OF FUN WE LAUGH IN TALKED ABOUT
CASH FLOW I WAS THE BREAD WINNER CAUSE I DO WHAT
IT DO IT'S NOTHING TO A G-MAN I GET WHAT I NEED TO DO
WHATEVER NEEDED TO BE DONE I'M THE ONE NOT JUST
A #1 RECORD I TOLD U IN THE FIRST HIT I'M THE LORD OF
LAND IN I OPERATE THE MOVE LIKE NO OTHER MAN IN THE
WORLD I'M BEST N NOTHING LESS IN YES I STAY ON THE
WEST WERE THE DEVIL REST I STAY ON THE ICE TIP OF SOME
STRIAGHT G SHIT I MAKE A MILLION DOLLAR$ A DAY SO
THAT'S WHY I SAY DO OR DIE U LIVE BY THE LAW N I'M OUT

SCRATCH

OLD HOOD RICHES

I DON'T EVEN HAVE TO SAY ANYTHING I'M THE PEOPLE
CHAMP U CANT LET ANYTHING HAPPEN TO ME I GOT IT ON
LOCK I'M THE BLOCK I KEEP IT ON LOCK CAUSE THAT'S WHAT
I DO BEST I'M POSTED ON THE BLOCK LIKE FUCK THE COPS
THEY GOT NOTHING ON ME I BEEN THERE N DONE THAT I
SEE THE CRACK N THE BLACK RACE NOW DAYS THINGS HAVE
DONE NOTHING BUT GOT WORST SINCE THE MOVEMENT I
HOPE WE SEE THE LIGHT SOON GOD IS IN THE HEART OF THE
PEOPLE N WHEN U DON'T EXCEPT THE GOOD OVER THE BAD
U PLAYIN WITH YO TRUST N GOD ADLEASE THAT'S WHAT MY
MONEY SAY SO I SPEND IT LIKE I WANT TO CAUSE I'M THE
GANGSTER BEHIND ALL THIS HIDIN SHIT NO LOVE FOR THEM
NIGGAS THAT BE HATE'N ON A REAL NIGGA CAUSE I DO WHAT
I DO BUT I'M QUIET WHEN IT COME TO ME BEIN ME I CANT
LET GO CAUSE THATS MY ALL N EVERYTHING N WITHOUT IT
THERE'S NO ME NOW I'M WITH THEM OLD HOOD RICHES

SCRATCH

O.D.B

WHEN I COME BACK FOR THE ONES THAT PUT TRUST N ME
HAS THE LORD OF THE LAND EVERY SINCE THE YEAR 2020
I HOPE U GET THE MESSAGE I BEEN RUNNING LOCK DOWN
I GOT WORK N HELL SO I GUESS U CAN CALL ME THE DEVIL
BUT EVERY SINCE THE BEGINNING THE BIBLE SAID I WAS
THE MOST BEAUTIFUL ANGEL OF ALL SO LETS STICK TO
THE PRESENT I'M HERE FOR THE RULING OF THE GODS N
LORDS I BEEN ON MY THRONE SINCE MY EARTHLIN DAYS
CAUSE I MADE THE BUILDING LAW FOR THE PRISONERS
WORK FORCE SO DON'T THINK U CAN OUT THINK ME I
BEEN HERE ONCE BEFORE I ALREADY SEEN THE END AND
IT WILL BE HERE SOON SO WATCH YO EVERY STEP U DONT
WANT TO SIN CAUSE THAT MAY GET U THROWN OUT OF
THE HEAVEN GATES SO BE TRUTHFUL ABOUT YOUR LIFE THE
TRUTH WILL BE SEEN IT WILL BE SO CLOSE U CAN SEE IT IN
THE AIR SO STAY STRONG N GOD WILL ALWAYS LOVE U KEEP
YO EYES ON THE NEXT MOVE N HOPE FOR A BETTER DAY

SCRATCH

THE END IS NEAR

WE ALL KNOW THAT THE WORLD WILL COME TO AN END SO
WE MUST PRAY TO GOD FOR HE CAN FORGIVE US FOR OUR
SINS WHILE IT'S THE SAME STORY FOR ME N SHAWN I'M THE
LORD OF THE LAND N HE THE KING OF GODS N MAY HE GET
THE MESSAGE THAT HIS KINGDOM IS ON ITS WAY N WE BUILT
IT FROM THE BOTTOM TO THE TOP I STARTED OFF N THE YEAR
2016 WITH THE SHOW CAMP RAY DOING MY THANG TRYIN
BRING THE BLACK VOTES UP N THE USA WHILE I CAN'T TELL U
EVERYTHING ITS BUSINESS BUT TRUST N BELIEVE I WILL GET
MY PROPS ON TIME FOR U CAN SAY I SEE IT CLEARLY THEY
SAY YO AIN'T NO GAME N THIS RAPPER THEY COULD HAVE
BEEN TALKIN BOUT MAC N HO'S BUT THAT'S NOT ME I'M
MORE ABOUT WORKIN THESE PRISONERS SO I CAN SAY I'M
THE LORD OF THE LAND SO GO HEAD GIVE ME PROPS N MAY I
STAY ON TOP FOREVER N I PUT THAT ON GOD N HEAVEN THIS
MY LAST ALBUM BUT I HOPE U GET THE MESSAGE THAT THE
END IS NEAR SO PULL CLOSE TO THE ROC INSIDE THE NATION

SCRATCH

THE NEW WORLD

THE END IS OVER N THE NEW WORLD IS HERE SO WHAT DO
U DO NOW ALL YO HOPE N DREAMS HAVE COME TRUE NOW
WHAT WILL U DO JUST BE HAPPY N THIS NEW WORLD DO
U HAVE A JOB NOW THE WORLD HAVE ENDED WHAT DO
WE DO JUST BE HAPPY WHAT WILL WE DO WITH ALL THESE
DEAD PEOPLE WILL WE CLEAN UP THE BODIES OR LEAVE
THEM THERE WHATS REALLY HAPPENING TO THIS WORLD
WE ALL KNOW WE GOIN DIE SOONER THEN LATER SO STOP
STRESS'N THE END OF LIFE WE WILL GET THERE BUT FOR
NOW PUT YO HANDS UP N SAY WE AIN'T GOIN NOWHERE
SO INTO THE END OF THE HUMAN RACE LETS MAKE THE
BEST OF THIS WORLD IT'S ALL WE HAVE SO LET'S WORK
TOGETHER N MAKE THE BEST OUT OF THIS WORLD CAUSE
WE ALL BLEED FROM THE BODY SO WHEN IT HAPPEN I LIKE
TO THINK THE BLOOD IS SPIRIT N THE BODY IS DEATH SO
TIL THAT DAY I'M GOIN CONTINUE TO ROC THE NATION

SCRATCH